JN079851

Local Government External Human Resources as a Regional Resource

地域資源としての自治体外部登用人材

丸山武志 ― 著

地域の成長と自治体外部登用人材の役割・リーダーシップ

晃洋書房

は じ め に

　地域間格差の是正と国土の均衡ある発展を目的として，主に国が主導して推進された経緯がある日本の戦後の産業政策において，主要な地域産業政策は企業誘致であった．企業誘致は極めて外発的な手法であるが，その効果は即効性があり，短期間に地域の産業構造を大きく変えうる力をもっていたものの，一方で多くの問題も引き起こすこととなった．

　オイルショック以降の経済不況とその後の安定成長の流れの中で企業誘致を中心とした産業政策は縮小したが，地域開発を進めてきた自治体を中心に発生した環境問題を発端に，今までの企業誘致による地域産業振興のあり方や自治体と進出企業の関係性，地域政策の根本的な変更といったことなどを求める動きが生まれた．

　そして外発的かつ他律的な産業政策への批判が展開され，内発的発展という概念が産業政策にもち込まれるようになった．現在では，地域産業振興は内発的であるからこそ達成されるという認識は研究者の概ね意見の一致するところであり，産業振興政策推進の現場においても半ば当然そうあるべきという認識となっている．

　また近年，東京圏への一極集中の是正を目標とした地方創生の推進の中，地方・東京圏の転出入均衡のための方策として改めて地域の経済成長に光があたっている．

　まち・ひと・しごと創生基本方針では[1)]，雇用の維持と事業の継続，経済活動の回復といった新型コロナウイルス感染症によって大きな影響のあった地域経済・生活の復興と併せて，新たな付加価値を生み出す消費・投資の促進，地域の外から稼ぐ力を高めるとともに地域内経済循環を実現するといった目標を掲げているなど，引き続き東京圏への一極集中の是正に向けた地域の雇用環境改

善や新産業創出に向けて，地域間の競争力強化を強く志向した政策展開を進めている．

　多くの自治体は「稼ぐ自治体」を標榜し，雇用と産業創出に向けて民間企業との連携や拠点誘致と言った取り組みを積極的に推進している状況にある．地方自治体は，地域の外から稼ぐ力を高めるとともに地域内経済循環を実現することを目指して内発的発展を誘発する政策を積極的に推進しているが，行政側に政策形成を主導できる専門的な知見を有する人材が不足していると認識しているなど，政策形成及び実施を主導する行政内の人材不足を課題としている地方自治体は多い[2]．指定都市などの大規模自治体はともかくも，専門人材との繋がりが薄く政策形成及び実施を主導できる人材との接点の少ない中小規模の基礎自治体においては，地方創生の取り組みに際して行政組織内の人材不足が特に問題であるとされている．

　政府はこれらの地方自治体が抱える課題解決に向けて，それぞれの分野に通じたプロ人材のマッチング・活用を制度化している．2015年度から制度化された地方創生人材支援制度や2019年度から実施されたデジタル専門人材派遣制度などを活用して国家公務員，大学研究者，民間人材が任期付派遣されている[3]ほか，近年では民間事業者によるマッチングにより行政幹部職員を専任または副業で任用する地方自治体や副首長を公募する地方自治体も増加している．

　以上のように，地方自治体に外部人材が行政幹部級職員として任用されるケースが増加している状況を踏まえ，本書では，近年登用が進んでいる自治体外部登用人材，特に自治体幹部として登用された人材の意義と役割に注目した．

　地方自治体の中でも都道府県や人口20万人以上の基礎自治体，指定都市などは中央官庁との人事交流や民間人材登用が活発である一方，中小規模の基礎自治体においては行政組織として外部人材を登用する仕組みが整備されていないことも多い．また，中小規模の基礎自治体を対象とした自治体外部登用人材の意義と役割も明解に論じられてこなかった．このような状況を踏まえ，本書では，中小規模の基礎自治体を対象として，自治体外部登用人材の意義と役割

という視点から自治体行政のあり方を考察したい.

注

1）「まち・ひと・しごと創生基本方針 2020」（https://www.kantei.go.jp/jp/singi/sousei/info/pdf/r02-07-17-kihonhousin2020hontai.pdf, 2020 年 9 月 6 日閲覧）.

2）「平成 26 年度地域経済産業活性化対策調査　今後の企業立地等施策に関する方策検討調査事業報告書」（https://www.meti.go.jp/meti_lib/report/2015fy/000311.pdf, 2019 年 8 月 18 日閲覧）.

3）「地方創生人材支援制度及びデジタル専門人材派遣制度令和 2 年度派遣について」（https://www.kantei.go.jp/jp/singi/sousei/pdf/r2_jinzaishien.pdf, 2020 年 9 月 6 日閲覧）.

目　　次

はじめに

序　章

自治体幹部として登用された外部人材の
役割を問い直す意義……………………………………… 1

第1節　地域経済の創造ファクター　*1*

第2節　地方都市の経済成長と政策展開　*5*

第3節　条件不利地域の成長の政策的射程　*8*

第1章

内発的発展を誘発するための外発的政策の
重要性と地域の成長…………………………………… 13

はじめに　*13*

第1節　地域産業政策の流れと内発的発展　*15*

第2節　地域産業政策における内発性の捉え方　*21*

第3節　地域の成長要因に関する分析　*28*

第4節　条件不利地域に立地する基礎自治体の成長要因　*40*

第2章

行政の積極性と地域の成長 …………………………… 45

はじめに　*45*

第1節　積極行政の必要性　*46*

第2節　企業誘致の視点からみる行政の役割　*50*

第3節　行政の信頼の構造からみる行政への期待役割　*56*

第4節　条件不利地域における積極行政の事例研究　*58*

第5節　積極行政は地域の成長を促すのか　*60*

第6節　地域の成長のための積極行政の重要性　*68*

第3章

外部登用人材が実際に果たした役割 ……………………………… *77*

は じ め に　*77*

第1節　ネットワーク設計・管理の視点から見た行政幹部の役割　*78*

第2節　米国におけるシティマネージャーの役割　*80*

第3節　外部登用された自治体幹部の果たした役割に関する実証分析　*84*

第4節　分析結果　*90*

第5節　外部登用自治体幹部に対する期待　*110*

第4章

政策形成過程における外部登用人材のリーダーシップ ………… *117*

は じ め に　*117*

第1節　シティマネージャーのリーダーシップに影響を与える要素　*118*

第2節　行政幹部の政策形成能力と果たすべき役割　*120*

第3節　外部登用幹部の権威性　*124*

第4節　外部登用人材のリーダーシップ発揮に影響を与える要素　*141*

終　章

地方都市の経済成長に求められる自治体行政のあり方 ………… 147

第１節　考察したテーマの振り返り　*147*

第２節　地方都市の経済成長に求められる自治体行政のあり方　*150*

お わ り に ──今後の研究課題──　*160*

あ と が き　*167*

参 考 文 献　*169*

アンケート調査（単純集計）　*175*

索　　引　*181*

序　章

自治体幹部として登用された外部人材の
役割を問い直す意義

　地方都市の持続的な成長に求められる自治体行政のあり方について，近年進んでいる自治体外部登用人材，特に自治体幹部として登用された人材の意義と役割という視点から論じるにあたって，まずは本書における主要な概念について整理する．

第 1 節　地域経済の創造ファクター

　本書の研究目的をより正確に説明するため，以下では本書における概念，用語について明確にしておきたい．

（1）対象とする地方都市

　本書の対象とする地域は，民間の競争環境に乏しく地域資源の蓄積が十分でない内発的発展に不可欠な人的資源や不足する地域資源を外部から補完せざるを得ない状況にある地域（以下，条件不利地域）に立地する中小規模の基礎自治体を想定している．

① 民間の競争環境

　産業クラスターの概念の提唱者である Porter［1998］は，生産性向上や技術革新を促進するための地域の環境のひとつとして競争環境をあげている．つまり，多様な産業分野の企業が立地環境を有効活用して研究機関や産業振興拠点などの支援を得ながら競争・連携することによって，地域産業の発展が促され

るのである［河藤 2015：17］.

　よって，地域が効率的・効果的な産業政策を展開し，経済成長を実現するためには，その地域内に民間事業者間の競争を促す環境があることが前提となる．小規模な地方都市において，ある事業募集に際して，公募に応札する事業者がいないまたは特定の民間事業者のみが応札するといった事例が散見されるが，民間事業者が事業内容や品質を競い合う環境がない状況では，地域の経済成長に必要な多様な事業者の集積や望ましい産業構造の構築が実現しないことが多い.

② 不十分な地域資源の蓄積および地域資源の不足

　佐々木［1992］は，内発的発展の構造的特質として，地域のもつ資源の質の高さをあげている．具体的には，民間事業者の本社や意思決定機関を備えた拠点の有無（都市経済の自律性の高さ），多様な産業連関構造による地域技術の蓄積，質の高い都市文化の集積，生活文化ストックの保持，といった地域資源の蓄積と質の保持の有無である．これらの地域資源の蓄積は，大都市および地域の中核都市はともかく，不十分な地域の方がむしろ多いのではないかと思われる.

③ 人的資源の不足

　中村［1986a：1986b］は，自律的な地域づくりを実現している地方都市の発展のポイントは，内発的発展を支える地域イノベーターを内部での育成だけでなく外から人材を吸引し集積することにあるとしているとしている．内発的発展には，地域内外からイノベーションを主導する企業家人材を育成・誘致・集積させるとともに，これら人材の主体的・自律的な活動が重要となる．小規模な地方都市においては，内発的発展を支える人材が，民間，行政ともに不足することが多く，地域の成長を牽引する人材不足を懸念する声も多い.

　詳細は後述するが，先行研究では，地域産業振興は主に民間セクターの主体的な活動により効率的・効果的に展開されるべきであるという前提に基づいている．当該領域の主要アクターが民間であるということ自体に異論はないが，

地方において「地域資源が十分に整っており，競争原理が働く都市」は実際には少ないのではないかと想定している．

　つまり，人口減少による担い手の減少が進む状況下，多くの地域が民間の競争環境に乏しくかつ地域経済を牽引する人的・物的資源を外部から補完せざるを得ない状況にあるのではないかと想定される．

　先行研究においては，概ね経済成長に必要な資源を有する地方中核都市または経済規模が極めて小さい中山間地域・島嶼地域を対象としたものは多いが，中小規模の都市圏を研究対象として取り上げたものは少ないことから，研究対象として取りあげる意義は高いものと考える．以上の点から，本書における地方都市は，金本・徳岡 [2002] が定義した，小都市雇用圏の中心都市を抱える基礎自治体と定義し考察をおこなう．

（2）経済成長

　地域の持続可能性を表す指標は，雇用の水準や所得水準のほか，所得水準の向上だけでない総合的な指標で構成された生活の質であるべきとする主張 [宮本 1989] など，様々な考え方が存在する．

　本書においては，基礎自治体の持続性を定量的に分析することを試みること，基礎自治体の持続性のポイントとなる住民が満足するレベルの行政サービスの維持は，安定的な歳入の獲得により実現しうるものであることなどを勘案すると，所得水準を基礎にした統計情報にて分析をおこなうことが妥当であると考える．

　以上の視点から，本書においては，地域の持続性を可能とする経済成長を，雇用や総合的な生活の質を示す指数ではなく所得水準にかかる統計情報と定義して考察をおこなう．

（3）自治体外部登用人材

　地方分権が進み自由度を高めた独自政策の展開が求められる中，地方自治体

が政策に通じた人材をどのように確保しているのかについては大谷［2017］が整理をおこなっている.

　大谷は自治体の外部人材登用を，自治体の目標と政策を実現するために，ある時点で不足している，あるいは将来の時点で不足すると予想される人材を獲得すること［大谷 2017：70］と定義しており，不足する人材の獲得の形態を国からの出向及び任期付採用の2つに分類している.

　国からの出向は，主に管理職ポストでの活用であり，政策の大枠を構築するため細かなノウハウよりも，グランドデザインを描き周囲を巻き込んで推進する能力が求められるとしている.

　任期付採用は，その多くが実働部隊であるが，スタッフ職としての活用が多く，具体的な政策展開をおこなうにあたって実務・実践的能力が求められるとしている.　そして，地方自治体の幹部を担う人材が不足していた状況においては国からの出向が不可欠であったが，地元人材の育成が進んだ結果，地元組を腐らせずにいかに上手く活用するかを考えつつも，必要があれば中央官僚を引っ張ってくるといった戦略的人事が展開されたとしている.

　また，地方分権一括法施行以降，戦略的な国からの出向を求めたと思われるケースも存在するものの，国からの出向による人材登用は傾向に現れるほど大きな潮流にはなっていないと整理している.　つまり，地元人材の育成が進んだ結果，国からの出向者数も任期付採用の活用も限定的であり，地方自治体における新たな政策に必要な人材の確保は外部人材ではなく内部人材が担っている状況にあることを指摘している.

　加えて，東日本大震災時の自治体間の人的交流や佐賀県や茨城県における任期付職員の活躍といった事例を踏まえ，行政ニーズが多様化し自治体の守備範囲が拡大を続ける近年の状況では，内部人材・外部人材を問わずどのような人材を起用するかによってその後の政策展開に大きな影響を与える点を指摘している.

　一方，東北大震災の復興支援において人的資源が不足していた基礎自治体に

若手官僚を派遣したことに端を発して制度化された地方創生人材支援制度は，行政ニーズの多様化・高度化が進む中において，地域資源・知名度ともに不足している中小規模の基礎自治体に外部人材登用の道を開くものであり，2015年に制度化されて以降，既に289市町村に派遣されている[1]．また，近年では，副首長や幹部人材を公募する動きも広がるなど，外部人材の自治体幹部登用が徐々にではあるが広がっている．

　本書においては，中小規模の基礎自治体において，徐々にではあるが近年登用が広がっている自治体外部人材が政策形成に与える影響を整理した上で，地方都市の経済成長に求められる自治体行政のあり方について考察するものであり，行政幹部（副首長または部長相当職）として活動をする自治体外部登用人材に注目をする．

第2節　地方都市の経済成長と政策展開

　本書の構成を示す前に，本書の学問上の位置づけについて記す．本書における各章の問題関心は，行政学に軸足を置きながら，条件不利地域に立地する中小規模の基礎自治体における自治体行政のあり方と行政幹部として登用されている外部人材が果たすべき役割と責任について，地方都市の持続的な成長の実現に資する政策展開として地域の経済成長に資する地域産業政策を題材に検討し，実証研究をおこなうものである．

　本書において行政学に軸足を置きながら地方都市の経済成長に求められる自治体行政のあり方を論じていくことについては，主に3つの学問上の課題が存在しており，本書はこれらの課題解明を試みている点において学問的意義があるものと考える．

　まず第1に，自治体行政のあり方と行政幹部として登用されている外部人材が果たすべき役割と責任というテーマについて，行政学の領域で十分に研究されていない状況を改善することである．地域の経済成長に資する地域産業政策

という領域は，主に地域経済学や社会学などの領域で研究が進んでいる領域である．地域経済学では，主に企業家などの経済主体を軸として研究が進んでおり，社会学ではコミュニティや特定非営利活動法人といった地域主体を軸に研究が進んでいる．

行政学的視点を踏まえると，地域のコントロールタワーであり経済主体や地域主体に対して許認可・徴税といった権限をもつ行政側の視点から研究を進めるということになるが，日本においては自治体行政のあり方と行政幹部として登用されている外部人材が果たすべき役割と責任について，行政学的視点で十分な議論がされているとは言い難い状況が存在する．

市支配人制をはじめとして多様な行政組織のあり方が存在する米国においては，行政官であるシティマネージャーのリーダーシップや役割といった研究がなされている．日本においても，今後地方分権の進展によって，基礎自治体が独自性のある政策展開を志向する状況がさらに進む環境においては，自治体の外部人材登用はより一般的なものになることが想定される．よって，本書は，自治体の外部人材登用のあり方や果たすべき役割についての議論の深化に貢献することができるのではないかと考える．

第2に，地域の経済成長に資する地域産業政策という視点において，先行研究で分析対象としてあげられている地域の偏りを是正することである．

地域経済学の領域では，主に強固な内発的発展要素を有する地方の拠点となる都市を実証研究の事例として取り上げられることが多い．人口減少による担い手の減少が進む状況下，元々何らかの地域内経済循環が誘発される要素がある地方の拠点となる都市のような環境に置かれた地域は限定的であり，多くの地域は民間の競争環境に乏しくかつ地域経済を牽引する人的・物的資源を外部から補完せざるを得ない状況にあるのではないかと想定される．つまり，現在研究されている学術的な論点から導出される議論は理想ではあるものの，多くの基礎自治体が直面している実態とは乖離があるのではないかと考える．

本書においては，この理想と実態の乖離に光をあて，地方都市の持続的な成

長の実現に資する政策展開を進めていくための自治体行政のあり方を，行政幹部として登用されている外部人材が果たすべき役割と責任という視点から分析をすることを試みる．理想と実態の乖離があると思われる条件不利地域における自治体行政のあり方について，行政学的視点か何らかのエビデンスを提示することは，自治体の外部人材登用のあり方や果たすべき役割についての議論の深化に貢献することができると考える．

第3に，条件不利地域に立地する地方都市の持続的な成長の実現に資する政策展開についてエビデンスを提供することである．特に，本書がテーマとする条件不利地域に立地する自治体行政のあり方と行政幹部として登用されている外部人材が果たすべき役割と責任については，行政学だけでなく地域経済学や社会学的視点からも頑健なエビデンスを十分提示できていない状況が存在する．

本書では，これらについて統計情報やアンケート調査結果などのデータを活用して極力定量的に提示することで，何らかのエビデンスを提示することを試みたい．その点においては，行政学に軸足を置きつつも統計学等の手法も活用した政策科学の研究であるといえよう．

以上の点を踏まえて，本書においては統計学等の定量的な分析手法を一部活用している．なお，本書にあたっては，一部アンケート調査結果に基づく実証研究を試みているが，条件不利地域に立地する中小規模の基礎自治体に外部人材が自治体幹部として登用されているケースは必ずしも一般的であるとは言えないこともあり，アンケート調査では十分な量のデータ取得ができているわけではない．よって，本書のみによって頑健なエビデンスを提示するには必ずしも至らない．

しかしながら，行政学の領域で十分に語られてこなかった自治体行政における行政幹部人材，特に外部登用人材の活動が政策形成過程においてどのような役割と責任を果たすべきかという議論に光を当てるとともに，条件不利地域の持続性という点からあるべき自治体行政の枠組みとして自治体外部登用人材の有効性といった議論の深化に貢献しうるものであると考える．

第3節　条件不利地域の成長の政策的射程

　以上を踏まえ，本書は，以下のような構成で論旨を展開する．以下では各章の概要を示す．

　第1章では，多くの研究領域において概ね一致している地域産業振興における内発的発展論について取りあげる．基礎自治体における現在の地方創生の取り組み状況をみるとその動きはむしろ外発的であり，地域産業政策には理想と実態のギャップが存在していると考えられる．行政学の視点から地域の理想と実態のギャップはどの程度存在するのか，これらのギャップを埋めるために行政はどのような役割を果たすべきか，政策形成過程において望ましい枠組みはどのようなものか，といったことについて説得力をもった回答がなされている状況にない．

　しかし，ここでは地域産業政策は内発的であるべきか，という点について論じるのではない．内発的発展の重要性は論をまたない．一方で，外部との開かれた交流を内発性のエネルギーと認識し，横断的な連携をサポートする自治体側の体制の重要性を主張する近年の内発的発展論の主張にもあるとおり，一定の外発性の重要性は認めうるのではないかと考える．つまり，内発的発展要素の多くが，単独では地域の成長を説明できず，むしろ，外発的政策，特に地域外の人的資源を活用し，積極的な外部との交流をはかることが内発的発展を誘発し，地域の成長を促すのではないかと考える．

　このような問題意識を踏まえ，本章では，地域産業振興という政策分野を題材に，地域の成長に寄与する要素は内発的な要素であるのか，外発的要素や他の要素が影響をしているのか，について統計情報等を活用した計量的研究を試みる．そして，計量分析を通じて，産業基盤が弱く地域資源に制約のある条件不利地域においては，内発的発展要素のみでは地域の成長は難しいという内発的発展論の根本的な課題を提示するとともに，内発的発展要素を誘発する外発

的手法が必要となることを考察する.

　第2章では, 既存の研究結果の整理を通じて条件不利地域に立地する都市は何故行政が積極的であるべきなのか, 実際に行政が積極的であると地域の活性化が進むのかという点について考察をおこなう.

　まず経済学的視点から経済成長を捉える場合の理論について整理した上で, 海外における地域産業政策の事例および日本における行政の役割について考察する. その上で統計情報を活用し, 企業誘致におけるプロセスと誘致企業の意識から, 実際に企業が他地域に進出したケースにおいて行政による進出環境や進出条件の整備といった政策がどのように影響を与えているのかについて考察をおこなう.

　その後, 条件不利地域に立地する基礎自治体における積極的な政策的介入・支援の実施（以下, 積極行政）の事例として島根県海士町における行政の取り組みについて整理した上で, ネットワークの設計・管理の視点から行政の役割を考察する.

　また, 条件不利地域に立地する基礎自治体の統計情報をもとにしたパネルデータを活用し, 地域産業政策の展開において積極行政が地域の成長をもたらしているのかについて, 計量的分析を試みる. 以上によって, 条件不利地域に立地する都市の活性化・地域の成長の実現には, 積極行政が必要であるという点を明らかにする.

　第3章では, 政策展開において行政幹部が果たすべきリーダーシップ・役割・機能について既存の研究結果により整理する. その上で, 条件不利地域に立地する基礎自治体において, 外部登用された行政幹部人材がどのような役割・機能を果たしたのかについて, 条件不利地域に立地する基礎自治体を対象としたアンケート調査結果をもとに考察をおこなう.

　そして, ガバナンスに注目が集まり公共サービスを担う多様な主体の存在に気づき始めた今日的状況においても, 依然としてネットワークの設計および管理の領域で行政がイニシアチブを発揮することへの期待は高く, 外部登用の自

治体幹部に期待されている役割は大きい点を明らかにする.

　第4章では，外部登用人材が自治体幹部として受け入れられ，リーダーシップを発揮するにあたっての源泉となる信頼の拠りどころ，権威性について考察する.

　具体的には，米国の市支配人制におけるシティマネージャーのリーダーシップ発揮に影響を与えている要素や，日本の自治体ナンバー2の役割についての先行研究の成果を整理するとともに，前章の調査結果を踏まえ，ネットワークの設計と管理におけるポイントとされている6つの切り口のうち「問題の明確化と明確な目的の設定」および「合意形成メカニズムの設定」への期待役割に注目し，これらの役割遂行に当たって必要な能力や要素を整理する.

　その上で，条件不利地域に立地する基礎自治体における地域産業政策の重点課題および外部登用した行政幹部人材が実際に果たした役割について，基礎自治体宛のアンケート調査結果から分析する. 具体的には，リーダーシップ発揮に影響を与えている要素について，[Zhang and Feiock 2009] によるシティマネージャーのリーダーシップ研究における分析の枠組みを基に計量的分析を試みる.

　そして，条件不利地域に立地する地方自治体において，自治体外部登用幹部が政策形成過程において果たす役割の大きさに影響を与えている要素は，外部登用幹部が有するネットワークといった非制度的要因にあることを明らかにする.

　終章では，以上の各章の結果を踏まえて地方都市の経済成長に資する政策を立案・実施するためにあるべき自治体行政について考察する. 具体的には，先行研究などを踏まえながら，地方都市の持続的な経済成長のためには行政機構における外部人材登用の枠組みが必要であること，外部人材を活用しながら探索型問題解決のための政策形成や合意形成を進めていくための仕組みとして，外部人材登用の仕組みを支える人材育成の枠組みが必要であることについて論じたい.

注

1）内閣官房・内閣府総合サイト　地方創生（https://www.chisou.go.jp/sousei/about/ jinzai-shien/index.html, 2021 年 9 月 25 日閲覧）.

▶ 第1章

内発的発展を誘発するための外発的政策の重要性と地域の成長

はじめに

　日本は，2008年をピークに人口減少時代に突入した．政府は，世界に先駆けて顕在化した人口減少・少子高齢化という構造的課題に立ち向かい，持続的な地域を実現することを主旨として2015年度より地方創生の取り組みを強化している．

　東京圏から地方への転出・転入の均衡を第1期の基本目標のKPIとして設定し，人材の地方還流の基となる地域産業振興に向けた施策展開を進めるなど，若年層の雇用（しごと）創出を起点として地方の平均所得の向上を進め，地域活性化と過度な東京一極集中の是正を実現するべく政策展開がされてきた．まち・ひと・しごと創生基本方針2019[1]においても，新たなビジネスモデルの構築等による地域経済の発展，海外から稼ぐ地方創生と記載されるなど，地方創生の取り組みにおいては，引き続き地域産業振興を強く意識した目標が掲げられている．

　また，取り組みの推進にあたっては，多様なステークホルダーの連携による地方創生やSDGsに向けた自律的好循環の形成を進めていくなど，地域の内発的な取り組みを誘導する政策展開が強く意識されている．

　そして新型コロナウイルス感染症によって大きな影響のあった2020年度においても，雇用の維持と事業の継続，経済活動の回復といった地域経済・生活

の復興と併せて，新たな付加価値を生み出す消費・投資の促進，地域の外から稼ぐ力を高めるとともに地域内経済循環を実現する，といった目標を掲げているなど，引き続き東京圏への一極集中の是正に向けた地域の雇用環境改善，新産業創出に向けて地域間の競争力強化を強く志向した政策展開を進めている[2]．

　ところで，地域産業振興は内発的であるべきという考え方は，政策学，地域産業論，社会学等多くの研究領域において概ね一致している．内発的発展とは，企業誘致や公共工事といった即効性はあるが負の効果も大きい外発的な政策ではなく，地域の特徴を生かしながら中央政府などの補助金や大企業などに依存せずに地元産業を支援し，地域のアクターを起点としたイノベーションを誘発すべきという考え方である．

　日本においては後述のとおり社会学者の鶴見が提唱しその後研究が進んだものであり，内発的発展論は定常的社会において持続的な成長を実現するための理論的なよりどころとなっている．また行政学の領域においても，地域の持続的発展をはかろうとすれば誘致に代えて内発的発展に賭けるしかないのではないか[西尾 2013：240]という指摘があるなど，地域産業振興は内発的であるからこそ達成されるという認識は概ね研究者の意見の一致するところであり，産業振興政策推進の現場においても半ば当然そうあるべきという認識となっている．

　内発的な成長の実現は地方創生の理念として概ね一致しており，現在の多くの政策が手続的には内発的なものを誘発しているようにみえる．しかし，基礎自治体の現在の状況については後述のとおり実際の手法はむしろ近年の動きは外発的であるなど，地域産業政策には理想と実態のギャップが存在しているようである．

　ただし本書では，地域産業政策は内発的であるべきか外発的であるべきかを論じるのではない．内発的な成長という理想と現実のギャップがあるということは政策形成の過程において課題が存在するということであると想定されるが，行政学の視点から，地域の理想と実態のギャップはどの程度存在するのか，こ

れらのギャップを埋めるために行政はどのような役割を果たすべきか，政策形成過程において望ましい枠組みはどのようなものか，といったことについて説得力をもった回答がなされている状況にない．

　このような問題意識を踏まえ，本章では，地域産業振興という政策分野を題材に，地域の成長に寄与する要素は内発的な要素であるのか，外発的要素や他の要素が影響をしているのか，について統計情報等を活用した計量的研究を試みたい．

第 1 節　地域産業政策の流れと内発的発展

（1）地域産業政策の歴史的展開

　日本の産業政策は主として国が主導して推進されてきた経緯がある．地域政策の主要な目的は地域間格差の是正と国土の均衡ある発展であり，産業政策は限られた日本の資源をどのように効率的・効果的に配分するのかという視点であった．

　特に，1950年から急速に進展した重化学工業を中心とした拠点整備においては，産業立地政策によって地域間格差の是正をはかるという視点が色濃く反映されている．国は拠点性の高い地域から開発を進める拠点開発方式を採用して全国総合開発計画などの産業政策を立案，地域は国によって示された計画による配分を受けるという関係にあった．

　地域における産業政策の状況について河藤［2014］は，国の産業政策を地域の実情に合わせて実施する点においては地域も一定の主体性を有していたと言えるものの，市町村は自ら地域産業における課題を発見して解決のための政策を立案・実施するという本来の意義での地域産業政策の主体としての役割は極めて不十分であると述べているが，たしかに地域が主体的におこなう産業政策の推進という考え方は希薄であったといえよう．

　このような状況の中での主要な地域産業政策は企業誘致であった．急速な経

済成長の流れの中で既存の工業団地が飽和状態となり工場の分散化が進んだ状況について清成 [1981] は，工業立地の上で不利な地域においては企業に進出へのインセンティブを与え誘致に狂奔した状況にあったと述べている．

　また，清成も指摘するように，企業誘致によって短期間に就業の場は増加，所得は上昇し，それが地域の第三次産業にも波及的な影響を与える．そして，自治体の税収は増加し，行政の生活基盤投資も拡大するなど，地域のアウトプットは確実に拡大するのであるが，企業誘致は極めて外発的な手法で他律的であるもののその効果は即効的であり，短期間に地域の産業構造を大きく変革しうると指摘している [清成 1981：21]．しかし，オイルショック以降の経済不況とその後の安定成長の流れの中で大企業の工場進出自体が縮小したこともあり，企業誘致を中心とした産業政策も縮小することとなった．

　1970 年代に入り地域開発を進めてきた自治体を中心に環境破壊，公害問題が噴出した．これらの環境問題は，今までの企業誘致による地域産業振興のあり方や自治体と進出企業の関係性，地域政策の根本的な変更を求めるような動きになり，外発的で他律的な産業政策への批判が展開された．そしてこの流れは，後述のとおり鶴見和子や宮本憲一などを中心として内発的発展の概念の提唱という動きにつながった．

　その後，1980 年代以降に日本経済が直面した生産拠点の海外移転，アジアを中心とした新興国の台頭といったグローバル化の進展や産業構造の転換といった状況の中で，産業政策に産業集積の概念がもち込まれることとなった．地方からの生産年齢人口の流出等に直面する中で，政府の政策も産業立地の再配置から地域の自立・内発的成長といった視点が色濃く反映されるようになった．

　産業集積を構成する主体として地域の中小企業に光が当たり，1998 年に新事業創出促進法が成立，また 1999 年の中小企業基本法改正では中小企業政策に空間的概念が導入されるなど，今まで業種を単位として国がおこなってきた産業政策に地域と産業集積という概念がもち込まれるようになった．

　21 世紀に入り，産業集積による内発的な地域産業振興に際して注目された

のが産業クラスターである．Porter［1998］は，産業クラスターの概念を「ある特定の分野に属し，相互に関連した企業と機関からなる地理的に近接した集団である．集団の結びつきは共通点と補完性にある」［Porter 1998: 199］と定義しており，競争力の根源は生産性向上であること，ダイナミックに生産性を向上するためにはイノベーションが不可欠であることを主張している．

　前田［2003］は，産業クラスターの形成要素として特定エリア（特定産業），地域特性（独自資源，対応意識），核機関（各企業，研究開発機関，地域財界，NPO，役所），チャンピオン（長期将来構想力をもつリーダーの存在）をあげており，クラスター促進要素として学習（産官学連携），連携・競合（コネクト機能，地域間競争），支援（ベンチャーキャピタル，ビジネスサポート），融合（他産業との融合，国際展開），新規事業（スピンオフベンチャー，大企業との連携，IPO），認知（全国的認知，高い生活文化水準）をあげている．

　2000 年以降の地域産業政策をみると，構造改革特区や地域活性化総合特区，国家戦略特区，地域経済好循環プロジェクトなど，企業誘致をはじめとした外発的な地域産業政策から地域産業の特性や既存の地域資源を活用することによって地域の潜在性を引き出す内発的発展を誘導することを意識した政策が展開された．

　一方，東京一極集中の是正と人口の地方還流が主要目標であった近年の地方創生の取組においては，地方への企業の本社機能移転の強化や政府関係機関の地方移転といった産業再配置を意識した外発的な施策も推進されている．

　このような外発的な手法である企業誘致に光が当たっている傾向は，近年のシンクタンクのレビューからも整理できる．上村［2015］は，地方創生の一環として推進される雇用創出の代表的な手法としての企業誘致に光をあて，地域経済の持続的な発展に繋がるような企業誘致には自治体の主体的・戦略的な取り組みが重要であり，戦略型企業誘致実現のために自治体は地域資源の特性の把握，地場産業との連携を生むような誘致ターゲットの設定，進出企業の競争力強化に向けた継続的なフォローなどが求められる，と主張している．

　片桐［2016］は，自治体による企業誘致について（1）国の新たな施策による
バックアップ体制が整いつつあること，（2）企業立地の新たな潮流として，物
流や医療・福祉といったサービス産業のプレゼンス向上，進出形態の多様化，
誘致対象企業のグローバル化，といったものがあること，（3）新たな潮流は，
一部自治体にとっては企業立地政策の方向転換をおこなうチャンスであり，明
確なターゲット設定に基づく施策実施と持続的に改善するサイクルの構築，首
長がコミットする形で全体の統括や情報共有をおこなう，自治体の人事異動周
期にとらわれない企業との長期的な関係構築をはかるといった組織体制の整備，
ハード整備や補助金に依存せず各自治体の特徴を活かした独自のターゲット設
定や企業との関係構築することが重要であること，などを主張している．

　加えて経済産業省が都道府県を対象に実施した地域経済の課題認識に関する
アンケート調査結果[4]においても，市場環境の悪化や大手企業の撤退等に伴う地
域経済の衰退・地盤沈下が進む中で，地域内に新産業・イノベーションを創出
する必要があるという課題認識が多数を占める一方で，地域活性化には独自の
技術力を有し市場で相当のシェアを獲得している企業や地域の基幹産業を支え
る大企業を望む声が多いなど，自治体の意識は依然として外部頼みであること
が窺える．

（2）地方創生の動向

　地方創生は，人口減少と首都圏への人口の地域的偏在がもたらす国土全体の
人口の低密度化や人口減少が進む基礎自治体の財政状況の悪化，行政サービス
の質的低下，社会インフラの維持といった地域の持続可能性への危機感を背景
にして，人口減少問題への対応と地域経済格差の是正を主要な政策の柱とした
取り組みである．

　具体的には，東京一極集中の是正，若年世帯の地方還流のための雇用創出・
確保，働き方改革，結婚・出産から子育てまでの切れ目ない支援による出生率
の改善[5]といった，しごととひとの好循環づくり，持続可能な地域コミュニティ

つくり・まちの活性化を軸として，地域が自らの発想と創意工夫により課題解決をはかるための取り組みを進めるため，各自治体に地方版総合戦略の立案・実行を求めた．

　これらの施策を地域が自立的に進めていくために，政府は分析用ビックデータの整備と公開（情報支援），財政支援（交付金等の拡充），規制改革，地方分権改革の推進，地方創生人材支援制度活用による地域中核専門人材の派遣及び地方創生コンシェルジュ設置（人的支援）といった支援を実施している．

（3）地方創生人材支援制度

　地方創生人材支援制度は，東北大震災の復興支援において政策展開を主導する人材が不足していた基礎自治体に若手官僚を派遣したことに端を発している．

　人口規模の比較的大きい都市では国家公務員の派遣受け入れや民間人材の登用といったケースはみられるが，地域資源・知名度ともに不足している中小規模の基礎自治体には外部人材登用のノウハウがなかったことから制度化されたものである．

　派遣対象自治体は，原則人口5万人以下の小規模自治体であったが，ニーズの高まりを受け人口要件が緩和された[6]．派遣希望自治体は，まち・ひと・しごと創生本部に対して派遣希望を明示し，まち・ひと・しごと創生本部による人材のマッチングを受けて派遣者を受け入れることとなっている．

　当該制度は当初，首長を補佐し自治体の中核的な取組を主導するという期待役割から米国におけるシティマネージャーになぞらえて「日本版シティマネージャー制度」と呼ばれていた．

　当該制度は米国における市支配人制度とは性格を大きく異にしている．しかし，自治体においては知見の乏しい経済開発や地域開発・再生，まちづくりといった領域について，ある程度の権限を首長から付与された外部派遣者が，自治体の中核的な行政課題解決に向けた戦略の策定と施策を立案・実施する当該制度は，日本におけるシティマネージャー職導入の試行的取組として注目され

る.

　実際に，地方版総合戦略の策定および実行をミッションとされていた同制度運用第1期において，民間シンクタンクおよび大学教員から派遣された者の一部は，役職名にシティマネージャーという呼称を使用していた.[7)]

（4）地方創生政策の現状

　政府は，地方創生の推進に際して自立性，将来性，地域性，直接性，結果重視の5つの政策原則を掲げて各地方自治体における自主的・主体的な地方創生の充実・強化を進めるとともに，多様な関係者，特に企業や住民，NPO等の民間主体との連携を強く打ち出している．この点では，政府は手続的には内発的な政策を誘導しているようにみえる.

　では，これら政府の政策誘導を受けた自治体（都道府県および市町村）の取り組みはどうだろうか．表1-1は地方創生の取り組みがスタートした2014年度以

表1-1　地方創生関連助成金の分野別事業件数（2017年，単位：件）

事業分野・テーマ			広域事業	単独事業	合計
しごと創生	ローカルイノベーション	加速化	128	302	430
		推進	96	173	269
	農林水産	加速化	116	387	503
		推進	38	144	182
	観光振興	加速化	860	291	1,151
		推進	225	105	330
	合計	加速化	1,104	980	2,084
		推進	359	422	781
全体		加速化	1,586	1,982	3,568
		推進	515	978	1,493

注）データは，以下の報告書データを活用した．「地方創生加速化交付金事業の効果検証に関する調査報告書」（https://www.kantei.go.jp/jp/singi/sousei/about/kouhukin/index.html, 2019年8月18日閲覧）及び「地方創生推進交付金事業の効果検証に関する調査報告書」（https://www.chisou.go.jp/sousei/pdf/h300427suisin_houkoku sho.pdf, 2019年8月18日閲覧）.
出所）内閣官房 まち・ひと・しごと創生本部事務局資料を基に筆者作成.

降に財政支援として推進された地方創生加速化交付金事業（補助率10/10）および地方創生推進交付金事業（補助率1/2）の分野別事業件数であるが，補助率が10/10から1/2に下がった後の事業数が激減している．当該図表の様な状況は筆者が実際に関与している自治体においても同様であり，まさに従前と変わらない国頼みの状況が垣間見える．

　このような地方創生政策の状況について山﨑[2017]は，国がビジョンや総合戦略の策定を事実上強制し，1000億円程度の予算で，政府目標実現のために，地方自治体を管理しようとする中央集権体制の強化にも賛同できない[山﨑2017：381]と官治主義的かつ外発的であることを批判しているほか，地方創生の諸施策が政治的主導となった故に政策が長期的視点に欠けていること，政策の整合性や副作用，長期的な効果などを十分検討しないままに五月雨式に（多様な省庁にまたがる）短期間で成果を期待できる小粒な（予算規模の小さな）政策が実施されるようになっていることなどを指摘している．

第2節　地域産業政策における内発性の捉え方

（1）社会学的視点による内発的発展論

　内発的発展（endogenous development）という言葉は，スウェーデンのダグ・ハマーショルド財団[1975]が国連経済特別総会の際の報告書「なにをなすべきか」において内発的（endogenous）という言葉を用いたのが最初とされており，わが国においては鶴見和子が内発的発展論を提唱したことが最初とされている[西川 1989]．

　Nerfin[1975]は，『もう一つの発展』において，経済的成長優先型の発展に代わる発展の内容として（1）発展目標が物財の増大ではなく物質的・精神的な人間の基本的必要を充足することに向けられること，（2）自ら主権を行使し，自らの価値観と未来展望を定めるような社会の内部から起こってくる発展のあり方であること，（3）社会の発展は当該社会構成員のもつ活力を生かし，その

経済社会のもつ諸資源を利用する形でおこなわれるべきであること，（4）エコロジー的に健全であること，（5）経済社会構造の変化が必要であること，という5つの視点を提示している．

西川 [1989] は，これらの視点を踏まえ，内発的発展論の特徴として，（1）利潤獲得や個人的効用の極大化よりはむしろ人権や人間の基本的必要の充足に大きな比重がおかれる，（2）自由主義的発展論に内在する他律的・支配的関係の形成を拒否し，自律性や分かち合い関係に基づく，共生の社会づくりを指向する，（3）参加，協同主義，自主管理等資本主義や中央集権的計画経済における伝統的生産関係とは異なる生産関係の組織を要求する，（4）地域レベルにおける自力更生，自立的発展のメカニズム形成が重要な政策用具となる，という点があげられると主張している．

また鶴見 [1989] は，社会運動としての内発的発展と政策の一環としての内発的発展とを区別している．そして，政策としての内発的発展は矛盾をはらんでおり，地域住民の内発性と政策に伴う強制力との緊張関係が多かれ少なかれ存在しない限り，内発的発展とは言えず，政策として取り入られた場合でも，社会運動の側面がたえず存続することが内発的発展の要件としている．

（2）地域経済学における内発的発展論の展開

社会学の視点からの内発的発展の理論展開を受けて，地域経済学においても内発的発展の理論展開が試みられた．

宮本 [1989] は，経済政策の目標は，所得水準の向上にあるだけでなくもっと総合的な指標で構成された生活の質にあるとし，日本における内発的発展を，「地域の企業・組合などの団体や個人が自発的な学習により計画をたて，自主的な技術開発をもとにして，地域の環境を保全しつつ資源を合理的に利用し，その文化に根ざした経済発展をしながら，地方自治体の手で住民福祉を向上させていくような開発」[宮本 1989：294] と定義した．そして，内発的発展の原則として（1）地域開発が大企業や政府の事業としてではなく，地元の技術・産

業・文化を土台にして，地域内の市場を主な対象として地域の住民が学習し計画し経営するものであること，(2) 環境保全の枠組みの中で開発を考え，福祉や文化が向上するような総合され，なによりも地域住民の人権の確立を求める総合目的をもっていること，(3) 産業開発を特定業種に限定せず複雑な産業部門にわたるようにして，付加価値があらゆる段階で地元に帰属するような地域産業連関をはかること，としている．

ただし，宮本の提唱する内発的発展は，社会学者の主張する地域主義を肯定するものではない．情報社会，国際的分業が進展する状況において大都市圏や中央政府との関連を無視して地域が自立できるわけではないとし，地元の自治体や産業組合が主体となって大都市とジョイントすることが成功の要素としている．

保母 [1996] は，地域経済振興における内発的発展を，複合経済と多種の職業構成を重視し域内産業連関を拡充する発展方式をとる，地域主義に閉じこもるのではなく経済力の集中する都市との連携その活用をはかり，また必要な規制と誘導をおこなう，地域の自立的な意思に基づく政策形成をおこなうものとしている．また，内発的発展のポイントとして，完成度の高いグランドデザイン，地域住民の理解（住民の参加による地域の自己決定権），リーダーの存在，運営資金をあげている．

鈴木 [1998] は，地方工業都市における内発的発展の研究から，地方工業都市の衰退を，情報化・ソフト化による省力化に起因する基礎技術の空洞化，生産機能の漏出，本社機能等地域の中枢管理機能の流出，産業の頭脳機能の集積の弱さといった地域産業や地域の中堅・中小企業の構造的転換の進行であると主張している．そして，ハイテク技術の成熟化と中小企業の技術水準の高度化といった地域技術の高度化が地域経済の内発的発展の可能性を拡大するとともに，地域固有の資源や蓄積された地域技術を活用して新たな事業を起す起業家精神旺盛な人材の誕生，多様で双方向の情報ネットワークの形成，情報ネットワークによって蓄積された地域固有のノウハウによる人々の学習機会の拡大といっ

た仕組みが内発的発展の条件であり（鈴木は，これらの仕組みがビルド・インされた都市を産業文化都市と呼んでいる），産業文化都市の創造が求められていると主張している．

　清成［1981：1986］は，地域の望ましい産業構造の実現のため，市場機構にはなじみにくい長期的な資源配分を適切におこなうために政策的な介入をすすめるということが地域産業政策の動機であり，諸政策を統合しうるのが地方自治体による地域政策の特徴であると述べている［清成 1986：3-4］．

　また，外発的発展には批判的であり，企業誘致が地域に及ぼす影響は即効的であるが，地域からみると他律的であり，予測の域を大きく超えることが多いと主張する［清成：1981：21］．そして，企業誘致にあたっては，地域が主体的に進めるべきであり，(1) 地域の規模と事業所の規模を対応させる (2) 多様な産業を配置し，モノカルチャー化を避ける (3) 地域の既存産業との関連に配慮する (4) コミュニティアフェアーズについてガイドラインを設定するということが必要であること，(5) 地域振興にとって企業誘致は万能ではなく，地域に馴染む自律的産業化に本気で取り組まざるを得ないことを主張している．加えて自律的産業化（内発的成長）のためには，企業家風土を形成することが何よりもまず重要であり，そのためには，地域が主体的にどのような地域を形成するかを確定しておくべきであること，企業家的才能を備えた人材と一定の経営資源の存在や住民のエネルギーが不可欠であることなどを指摘している．

　高原［2014］は，北海道の地方中核都市を事例とした研究を踏まえ，地方中核都市の活性化は地域経済の内発的発展であり，(1) 地域資源を見直し企業間で共有できる部分を模索しできる限り地域内で相乗効果を生み出すこと，(2) 地域内・外からのフレキシブルな人材活用を積極的に進めること，(3) 地域の中核企業（産業）が地域の内部だけでは見いだせない資源を捕捉する上で重要な役割を果たすこと，(4) 広域地域間の連携（特に，医療福祉，廃棄物処理，再生などの領域）をはかること，といった地域発の供給サイドの経済政策が求められると主張している．

　以上，社会学領域での内発的発展論を受けて主に地域経済学において理論展開が進んだ内発的発展論の特徴を整理すると，（1）一定の経営資源（地域技術や産業集積，地域固有の情報ネットワークやノウハウ）と人材の学習の機会の存在，（2）地域住民の主体性・自律性と参加，（3）地域産業連関の重視（モノカルチャーを回避し，複雑な産業部門にわたるようにして，付加価値があらゆる段階で地元に帰属するような地域産業連関をはかる），（4）イノベーションを主導する企業家人材の育成・誘致・集積と企業家風土の醸成，（5）強いリーダーシップと積極的な地域内外の人材活用，（6）広域連携・大都市とのジョイント，といったことがあげられる．

　一方で，地域経済学による内発的発展論については産業構造論・産業立地論の視点から批判もある．久野［1990］は，地域経済学における内発的発展論について，現実の産業特性や立地動向を考慮に入れていない願望的地域経済論の理論的よりどころであると，空間的視座に欠ける点を厳しく批判している．

（3）近年における内発的発展論の主張

　内発的発展論は地域再生戦略としてすでにグランド・セオリーの位置にある［小田切 2018：1］と評されるとおり，地方創生における取り組みにおいて内発的発展の必要性の認識は強い．一方で，小田切［2018］は，内発的という誰もが共鳴できる言葉であるがゆえに，その内実の検討が立ち遅れているとしているとも述べている．

　小田切［2018］は，このような状況を総論賛成・各論不在[8)]と評しつつ，人口減少を出発点におきながら，異質の系統との交流という価値に注目する宮口のアプローチに着目し，新しい内発的発展論として外部アクターとの連携を強調している．

　宮口［1998］は，総人口が増えないことが明らかになった現在においては，中枢・中核都市ないしそれに隣接する市町村以外の中小都市および農山村地域は，かなりの発展的な取り組みを試みても人口は増加しないという点を地域の共通

認識としてもった上での議論が必要であると主張する．そして，新しい機能を地域に上乗せする際に，地域外との交流・連携によりその機能にふさわしい枠組みを自由度の高い広がりで考えることで，機能の強化と自身の生活のアップグレードがはかることができるとするなど，交流の価値を強調する．

　小田切［2018］は宮口の主張を踏まえ，現在進んでいる事態は外との開かれた交流が地域の内発性を強めている点で新しい状況を生み出しているとし，交流を内発性のエネルギーと認識する新しい内発的発展論として交流型内発的発展論を主張する．

　このように，近年の内発的発展論の議論においては，外部アクターとの連携を強調した主張がなされている一方で，内発的発展の課題として担い手である自治体の能力や人材不足が指摘されている．

　張［2018］は，欧州におけるスローシティの取り組みを事例にネオ内発的発展モデルの研究において，チッタスローに加盟しているイタリアとドイツの4つの町村を事例として取り上げながらその枠組みにおける課題を分析している．そして，加盟町村間のネットワーク横断的な連携・交流（張はこれを「縦軸」と呼んでいる）と地域内の分野横断的な連携・交流（張はこれを「横軸」と呼んでいる）という2つの特徴が機能しない要因として，自治体の資力と人材不足に起因する地域内の分野横断的な連携・交流（横軸）の脆弱性または不在をあげている．

　つまり，縦軸は直接関わっている担い手によっておこなわれるが，この活動は自立的な横軸の仕組み，つまり，地域において分野横断的にこれらの活動が認知・受け入れられているとともに，自治体にその活動をサポートする力量が整っていることが前提となっている．しかし，自治体の体制が整っていないこと（横軸の不在）が，本来発揮されるべき内発的発展要素を妨げていると主張している．

　張［2018］は，スローシティやチッタスローのネオ内発的な姿勢は，日本の多くの地方自治体が掲げる持続可能で内発的な地域発展のビジョンと方向性が近く，過疎地再生のアプローチも理にかなっているとしている．また，チッタス

ローのスキームは，官主導で住民不在となるリスクを伴いながらも，官と民の関係が垂直的な地域ガバナンスである日本においては相性がよいと主張する．そして，特に横軸が機能するための環境が自治体に備わっているかどうかが慎重に問われるべき，と主張している．

（4）都市のおかれた環境と地域の成長①　──先行研究における対象都市──

中村［1986a；1986b］は，自律的な地域づくりの歴史をもつ地方都市のモデルとして金沢市をあげ，同市の内発的発展のポイントは（1）内発的発展を支える地域イノベーターを内部での育成だけでなく外から人材を吸引し集積すること，（2）地域内産業連関を進めて産業の多角化を推進すること，（3）地域に意思決定権のある自律型本社経済の形成による主体性をもった地元資本の力量形成を実現すること，（4）量的成長ではなく，質的総合的発展を目指すことにあると主張している．

佐々木［1992］は，中村の研究を踏まえ，金沢経済の内発的発展の構造的特質として（1）地域内に本社や意思決定機関を備えた基幹工場をおいた自律性の高い都市経済であること，（2）多彩な産業連関構造を保持しつつ，地域技術が蓄積されてきた都市であること，（3）2次産業と3次産業のバランスがよいこと，（4）外来型の誘致を結果として抑制してきたため，アメニティが豊かに保存された都市美を誇っていること，（5）独自の都市経済構造が利潤の漏出を防ぎ，その経済的余剰の都市内循環により学術集積などの質の高い都市文化の集積，生活文化ストックの保持がなされていることの4点をあげている．

（5）都市のおかれた環境と地域の成長②　──都市ガバナンスの視点──

地域産業政策におけるガバナンス研究では，桑原［2016］が都市ガバナンス・アプローチを枠組みとして，中心都市（大阪市）ガバナンスおよび周辺都市（大東市）ガバナンスを分析している．

桑原は，中心都市ガバナンスは中心都市を超えた広域なものであり，大阪

府・大阪市といった行政と関経連（関西経済連合会）やうめきた開発事業者による大企業中心の諸アクターが参加する極めて高次レベルの大規模な地域経済振興策を進めているガバナンスであるとしている．

　一方，周辺都市の経済振興策は市域における産業振興・中小企業振興を中心とする極めて地域に身近な取り組みであり，そのガバナンスは行政や経済団体にとどまらず，中小企業者，住民も含んだ市域レベルで広く開かれた参加型ガバナンスであったとしている．

　また，同じ大都市圏といえども，中心都市と周辺都市では経済振興策もガバナンスも異なり，中心都市ガバナンスが周辺都市群を含んだ形で広域的に影響を及ぼすことになれば，コアリション（協調，成長推進連合）の中心的アクターである影響力の強い大企業や大都市自治体によって周辺都市群のアクターが参加して意見を述べ，その意向を反映させることは想像しにくいと主張している．

　そして大都市圏ガバナンスの課題は，周辺都市の民主的なガバナンスが中心都市ガバナンスに飲み込まれず自律性を維持するにはどうしたらよいかという点であり，多層的ガバナンスが手掛かりになると主張している．

第3節　地域の成長要因に関する分析

　これまで整理をおこなった先行研究を踏まえた筆者の問題意識は，先行研究に取り上げられているような「地域資源が十分に整っており競争原理が働く都市」は実際には少ないのではないかという点である．

　地域の成長は内発的であるべきという考え方自体に異論はないが，この議論はそもそも地域に競争原理が働いていることが前提にある．しかし，地域資源の蓄積がなされており相応の競争環境を有している都市圏はともかく，大半の地域はそもそも民間の競争環境に乏しい．また，人口減少による担い手の減少が進む状況下，内発的発展に不可欠な人的資源や不足する地域資源を外部から補完せざるを得ない状況にある条件不利地域が大半ではないかと想定される．

　つまり，地域産業の成長・発展には，行政，企業，イノベーションを主導する企業家，住民，地域内外のバリューチェーンを担う主体などのネットワークの設計・管理が極めて重要なポイントであることを前提としつつも，ガバナンス構造は地域がおかれた状況や環境によって多様であること，また，競争環境にない多くの地域においては内発的発展の要素は充足していないことも多いことから，地域の成長には内発的要素以外の変数が存在しうるのではないかと考える．

　先行研究では内発的発展を遂げている都市や大都市における地域産業の特長やガバナンス構造の分析はあるものの，条件不利地域の成長・発展の要素は何であるか，あるいは内発的な要素を十分に有しているといいがたい状況下でどのような要素によって地域が成長・発展しているのか，について明確な答えが十分に提示されているとは言い難い．

　以上を踏まえ，条件不利地域における地域の成長にはどのような要素が影響をしているのかという問題について，統計情報等を活用した計量的研究によって解明をしていきたい．ここでは，地域産業の内発的発展要素および地方創生の主要施策の実績も踏まえ，それぞれの要素を示す統計情報等の定量データを活用して分析を試みる．内発的な要素を十分に有しているといいがたい条件不利地域の成長は，必ずしも内発的な要素だけではないと想定されることから，「地域産業の成長には，内発的発展の主要な要素以外の外発的要素が影響を与える」という仮説を設定し定量分析を試みる．

（1）分析における主要概念

　ここで検討する地域産業政策とは，地域の経済基盤を確立・維持・発展させることを目的とした基礎自治体が実施する政策であり，主に産業振興政策，中小企業支援策，都市再開発・地域開発であると定義する．

　分析における従属変数は地域産業政策の成果としての地域の成長・発展であるが，当該指標の設定のあり方については雇用，所得額などいくつかの考え方

が存在する.

英国において EBPM（Evidence Based Policy Making）を推進する組織である What Works Centre for Local Economic Growth（以下，WWG）における地域産業政策のアウトカムは主に雇用であり[9]，日本の基礎自治体においても地域産業政策の KPI を雇用に求めることが多い.

一方，宮本 [1989] は，経済政策の目標を所得水準の向上だけでなくもっと総合的な指標で構成された生活の質にあり，その要素として（1）所得水準（2）社会資本の（とくに住宅や生活環境施設の）1 人当たり利用可能性（3）環境の 1 人当たり賦与度（4）余暇時間（5）年金その他医療・介護の給付の可能性で表される老後の不安性の相乗によって表現されるものとしている.

このように生活の質を指標化する試みは様々存在するが，これらの要素が，住民が満足するレベルの行政サービスが維持できる程度の安定的な歳入の獲得により基礎自治体の持続性が確保されることにより実現しうるものと考えると，所得水準を基礎にした統計情報で説明できよう．以上の視点から，ここでは，従属変数である地域の成長を，雇用や総合的な生活の質を示す指数ではなく所得水準にかかる統計情報とし，人口 1 人当たり課税対象所得額の伸び率を地域産業政策の成果と定義する.

調査対象となる基礎自治体であるが，条件不利地域に立地する基礎自治体を研究対象自治体と想定していることから，競争原理が働きやすい大規模市場を有する地域ではなく，相対的に経済環境が厳しいと想定される経済圏を対象として，金本・徳岡 [2002] の都市雇用圏を準用し，中心都市の DID 人口が 1 万人から 5 万人である小規模雇用圏を対象とした．また，桑原の大都市圏ガバナンス研究にもあるとおり中心都市と郊外都市のガバナンス構造は大きく異なることから，小規模雇用圏の中心都市 97 自治体を分析対象として抽出した[10].

（2）分析視点

ここでは，地域のもつ地域産業発展の要素のうち，どのような要素が地域産

業の成長に影響を与えるのかについて定量分析をおこなうものであるが，先行研究における内発的発展に必要な要素として整理された（1）一定の地域資源の存在，（2）地域産業連関の重視，（3）地域の主体性と参加，（4）企業家人材の誘致・発掘・育成，（5）知識人材とイノベーション，（6）強い政治的リーダーシップにあたる統計情報等を独立変数として抽出し分析をおこなう．

（3）従属変数──地域産業政策の成果としての地域の成長の指標──

　以上の分析視点を踏まえて，地域産業の成長・発展に影響を与える要素についての分析において採用するデータについて整理する．

　まず，従属変数であるが，地域産業政策の成果としての地域の成長を示す指標として，所得水準を基礎とした統計情報を採用することは序章の主要概念の定義において述べたとおりである．本分析にあたっては，「人口 1 人当たり課税対象所得額の伸び率」を従属変数として採用した．

　なお，所得水準を基礎とした統計情報については長期間の経年変化をみていくことが望ましいものの，本分析では，後述のとおり，独立変数のひとつとして採用する「地方創生政策の諸施策に関するデータ」にデータ取得上の制約が存在する．具体的には，注目する地方創生政策の制度実施始期が 2015 年度であることから，本分析において採用する従属変数は，2014 年度から 2017 年度の人口 1 人当たり課税対象所得額の伸び率の変化率とした．

（4）独立変数──内発的発展の要素として採用するデータ──

　次に，独立変数について整理をおこなう．まず，「一定の地域資源の存在」であるが，先行研究では産業クラスター論の視点では特定エリアにおける特定産業の存在などを，地域経済学の視点では地域技術や産業集積，地域固有の情報ネットワークやノウハウといったものを地域資源としてあげている．産業集積や特定産業の存在をあらわす統計情報は多く存在するが，本分析においては産業集積の状況を示す統計情報として製造業従事者比率を採用した．

　次に「地域産業連関の重視」であるが，先行研究では内発的発展のポイント
について，産業開発を特定業種に限定せず複雑な産業部門にわたるようにして
付加価値があらゆる段階で地元に帰属するような地域産業連関をはかること
［宮本 1989］，複合経済と多種の職業構成を重視し域内産業連関を拡充する発展
方式をとること［保母 1996］，都市経済構造が利潤の漏出を防ぎ，その経済的余
剰の都市内循環により学術集積などの質の高い都市文化の集積，生活文化スト
ックの保持がなされていること［佐々木 1992］などと主張されている．

　地域を牽引する産業が得た利潤が域外にスピルオーバーすることなく域内経
済で循環する複合的な都市経済構造を示す指標としては，第三次産業比率，卸
売業・小売業・宿泊業・飲食サービス業・生活関連サービス業・娯楽業の従事
者比率，小売吸引力係数といった指標があげられる．本分析では，地域を牽引
する産業が得た利潤が地域内循環をする力を示す指標として小売吸引力係数を
採用した．

　「地域の主体性と参加」について，鈴木［1998］は，地域固有の資源や蓄積さ
れた地域技術を活用して新たな事業を起すような人材の誕生を内発的発展の条
件としてあげており，清成［1981］は，企業家的才能を備えた人材が不可欠と主
張している．これらの先行研究を踏まえ，地域の主体性と参加を示す統計情報
として開業率（起業率）を採用した．

　「企業家人材の誘致・発掘・育成」について，中村［1986a；1986b］は，内発的
発展を支える地域イノベーターを内部での育成だけでなく外から人材を吸引し
集積することをポイントとしてあげている．また，高原［2014］は，地域内・外
からのフレキシブルな人材活用を積極的に進めることを主張している．企業家
人材の誘致・発掘・育成を明確に示す統計情報は少ないが，域外からの人材流
入という視点を踏まえ転入率を採用した．

　「知識人材とイノベーション」であるが，イノベーションには人的資本や技
術進歩による新しいアイデアが重要であること，人的資本の蓄積や学習効果に
よる知識の蓄積とイノベーションが社会の他の部分へとスピルオーバーするこ

とにより長期的な経済成長を実現しうること，つまり，イノベーションを支える人的資源とイノベーションを牽引する産業集積がポイントと言える．このような視点を踏まえ，知識人材指標として卒業者総数に占める大学・大学院比率を，イノベーション指標として情報通信業従事者比率を採用した．

「強い政治的リーダーシップ」であるが，梁 [1991] は，市長の政治性と社会経済要因が政策形成における地方政府の影響力構造に与える要因の分析において，政治的変数として当選回数，市長の前職，党派性などをあげている．

本分析においても，当選回数，市長の前職，党派性，直近の選挙の実施有無（無投票かどうか）などの変数を検討したが，前職とリーダーシップの関係が結びつかないこと，首長は概ね無所属であることから，当選回数と直近の選挙の実施有無を抽出し検討をおこなった．その上で，本分析では，住民の付託を受けて長期間リーダーシップを発揮しながら政策的介入を進められることが地域の望ましい産業構造の実現のために，市場機構にはなじみにくい長期的な資源配分を適切におこなう［清成 1986：3-4］ことに資すると定義し，首長の当選回数[11]を採用した．

（5）独立変数——地方創生の諸施策に関するデータ——

地方創生に関する一連の政策は，山﨑 [2017] が，国が政府目標実現のために地方自治体を管理しようとする中央集権体制の強化に賛同できないというように，官治主義的かつ外発的であることを批判する意見も多い．

しかし，元々の制度自体は外発的な手法を活用しつつ内発的発展を誘導することを意識された政策である．また，地方創生政策において地域産業の活性化は主要施策として掲げられており，地域産業政策にも影響を与えていることから，本分析においては分析データとして採用することとした．

なお，政府の地方創生施策は財政支援，人的支援，情報支援の３つが軸となっており，政策に関連する情報は，地方創生推進交付金に関するデータ，地方創生人材支援制度派遣自治体の有無などがある．

　地方創生推進交付金については，山﨑［2017］が政府の地方創生政策は政治的主導となった故に政策が長期的視点に欠けていること，政策の整合性，政策の副作用，長期的な効果などを十分検討しないままに，五月雨式に（多様な省庁にまたがる）短期間で成果を期待できる小粒な（予算規模の小さな）政策が実施されるようになっている点などを批判している．また，地方創生推進交付金は個別事業の推進に関しての事業支援の性格が強く，必ずしも最終アウトカムとしての地域の成長・発展に直接つながる活動でないものも多いこと，地方創生加速化交付金事業および地方創生推進交付金事業の効果検証結果においても事業実施から期間が短く，交付金事業の総合的アウトカムとしての KPI は達成されていない状況が多いことなどの課題が示されている[12]．

　一方で，外部との開かれた交流を内発性のエネルギーと認識する交流型内発的発展論や横断的な連携をサポートする自治体側の体制の重要性を主張する近年の内発的発展論の研究結果を踏まえ，本分析においては，地方創生施策である地方創生人材支援制度による自治体幹部の外部人材登用の有無を分析データとして採用した．

　以上の整理によって，分析に用いる変数の候補が揃った．本分析において採用した変数は**表 1-2** のとおりである．

（6）実証分析

　前述の分析する変数の整理を踏まえ，人口 1 人当たり課税対象所得額の伸び率を従属変数として，シティマネージャー派遣の有無，製造業従事者比率，小売吸引力係数，開業率，転入率，卒業者総数に占める大学・大学院比率，情報通信業従事者比率，首長の当選回数を独立変数に加えて重回帰分析を通常最小二乗法でおこなった．実証結果は**表 1-3** のとおりである．

　検証にあたっては，最も関心の高いシティマネージャー派遣の有無と内発的発展要素としてあげられた一定の地域資源の存在，地域産業連関の重視，地域

表 1-2　投入変数一覧

大項目	投入変数	算式	出典
地方創生政策	シティマネージャー派遣の有無	自治体派遣実績一覧より抽出	まち・ひと・しごと創生本部事務局開示資料
地域資源	製造業従事者比率	従業者数（製造業）÷従業者数	経済センサス
地域産業連関	小売吸引力係数	当該市町村の人口あたり小売販売額÷全国の人口あたり小売販売額	経済センサス
主体性	開業率	新設事業所数÷（期初事業所数＋期末事業所数）÷2）	経済センサス
企業家人材の誘致	転入率	転入者数÷（住民基本台帳人口＋転出者数－転入者数）	住民基本台帳人口移動報告年報
知識人材	卒業者総数に占める大学・大学院比率	最終学歴人口（大学・大学院）÷最終学歴人口（卒業者総数）	国勢調査
イノベーション	情報通信業従事者比率	従業者数（情報通信業）÷従業者数	経済センサス
政治のリーダーシップ	首長の当選回数	直近の市町村長の選挙結果	各自治体ホームページより抽出
地域の成長指標	人口 1 人当たり課税対象所得額の伸び率	（（2017 年度：課税対象所得÷住民基本台帳人口）／（2014 年度：課税対象所得÷住民基本台帳人口））－1	住民基本台帳人口移動報告年報　市町村税課税状況等の調

注）各統計情報の出典は以下のとおり．総務省 [2019a]「都道府県・市町村のすがた（社会・人口統計体系）」，e-Stat　政府統計の総合窓口　統計で見る日本（https://www.e-stat.go.jp/regional-statistics/ssdsview, 2019 年 10 月 31 日取得），総務省 [2019b]「都道府県・市区町村主要統計表」，e-Stat　政府統計の総合窓口　統計で見る日本（https://www.e-stat.go.jp/regional-statistics/ssdsview, 2019 年 10 月 31 日閲覧），総務省 [2019c]「経済センサス-基礎調査」，e-Stat　政府統計の総合窓口　統計で見る日本（https://www.e-stat.go.jp/regional-statistics/ssdsview, 2019 年 10 月 31 日閲覧），総務省 [2019d]「住民基本台帳人口移動報告年報」，e-Stat　政府統計の総合窓口　統計で見る日本（https://www.e-stat.go.jp/regional-statistics/ssdsview, 2019 年 10 月 31 日閲覧），「市町村税課税状況の調」，総務省ホームページ（http://www.soumu.go.jp/main_sosiki/jichi_zeisei/czaisei/czaisei_seido/ichiran09.html, 2019 年 10 月 31 日閲覧），総務省 [2019f]「国勢調査」，総務省ホームページ（2019 年 10 月 31 日閲覧，https://www.stat.go.jp/data/kokusei/2015/index.html），内閣官房　まち・ひと・しごと創生本部事務局 [2019c]「地方創生人材支援制度」，内閣官房・内閣府総合サイト（https://www.kantei.go.jp/jp/singi/sousei/about/jinzai-shien/index.html, 2019 年 10 月 31 日閲覧）．
出所）筆者作成．

の主体性と参加，企業家人材の誘致・発掘・育成，知識人材とイノベーション，強い政治的リーダーシップに関わる変数をひとつずつ投入する場合，さらにそれらの変数を全て投入する場合で検証をおこなった．

表1-3　重回帰分析結果

	モデル1 シティマネージャー派遣				モデル2 全項目投入			
	偏回帰係数	標準化偏回帰係数	p値	判定	偏回帰係数	標準化偏回帰係数	p値	判定
(定数)	0.076		0.000	**	0.037		0.097	
シティマネージャー派遣の有無	0.027	0.284	0.005	**	0.018	0.193	0.024	*
製造業従事者比率					0.000	0.041	0.690	
小売吸引力係数					0.025	0.154	0.094	
開業率					0.009	0.437	0.000	**
転入率					0.004	0.115	0.287	
卒業者総数に占める大学・大学院比率					−0.006	−0.433	0.000	**
情報通信業従事者比率					0.002	0.017	0.846	
首長の当選回数					−0.001	−0.036	0.657	
F値		8.363		**		8.344		**
調整済決定係数		0.071				0.380		
標本数		97				97		

注1）従属変数 人口1人当たり課税対象所得額の伸び率．
注2）**：1％有意，*：5％有意．

	モデル3 企業家人材誘致				モデル4 リーダーシップ			
	偏回帰係数	標準化偏回帰係数	p値	判定	偏回帰係数	標準化偏回帰係数	p値	判定
(定数)	0.051		0.000	**	0.081		0.000	**
シティマネージャー派遣の有無	0.024	0.259	0.009	*	0.027		0.005	**
製造業従事者比率								
小売吸引力係数								
開業率								
転入率	0.009	0.231	0.019	*				
卒業者総数に占める大学・大学院比率								
情報通信業従事者比率								
首長の当選回数					−0.002	0.003	0.441	
F値		7.246		**		4.464		*
調整済決定係数		0.115				0.067		
標本数		97				97		

注1）従属変数 人口1人当たり課税対象所得額の伸び率．
注2）**：1％有意，*：5％有意．

	モデル5 地域の主体性				モデル6 地域内経済循環			
	偏回帰 係数	標準化 偏回帰係数	p値	判定	偏回帰 係数	標準化 偏回帰係数	p値	判定
（定数）	0.020		0.104		0.050		0.007	*
シティマネージャー派遣の有無	0.024	0.259	0.005	**	0.024	0.260	0.010	*
製造業従事者比率								
小売吸引力係数					0.024	0.145	0.147	
開業率	0.009	0.418	0.000	**				
転入率								
卒業者総数に占める大学・大学院比率								
情報通信業従事者比率								
首長の当選回数								
F値		16.105		**		5.301		*
調整済決定係数		0.239				0.082		
標本数		97				97		

注1）従属変数　人口1人当たり課税対象所得額の伸び率.
注2）＊＊：1％有意，＊：5％有意.

	モデル7-1 イノベーション基盤				モデル7-2 イノベーション基盤：大学・大学院比率			
	偏回帰 係数	標準化 偏回帰係数	p値	判定	偏回帰 係数	標準化 偏回帰係数	p値	判定
（定数）	0.116		0.000	**	0.117		0.000	**
シティマネージャー派遣の有無	0.025	0.269	0.006	*	0.025	0.263	0.006	*
製造業従事者比率								
小売吸引力係数								
開業率								
転入率								
卒業者総数に占める大学・大学院比率	−0.004	−0.306	0.002	**	−0.004	−0.297	0.002	**
情報通信業従事者比率	0.004	0.036	0.721					
首長の当選回数								
F値		6.335		**		9.526		**
調整済決定係数		0.143				0.151		
標本数		97				97		

注1）従属変数　人口1人当たり課税対象所得額の伸び率.
注2）＊＊：1％有意，＊：5％有意.

	モデル8 外発的発展政策：企業誘致				モデル9 地方創生の主要方針			
	偏回帰係数	標準化偏回帰係数	p値	判定	偏回帰係数	標準化偏回帰係数	p値	判定
（定数）	0.069		0.000	**	0.060		0.000	**
シティマネージャー派遣の有無	0.024	0.256	0.009	*	0.020	0.215	0.011	*
製造業従事者比率	−0.001	−0.173	0.090					
小売吸引力係数								
開業率					0.009	0.416	0.000	**
転入率	0.007	0.172	0.093		0.006	0.161	0.085	
卒業者総数に占める大学・大学院比率					−0.006	−0.415	0.000	**
情報通信業従事者比率					0.002	0.022	0.797	
首長の当選回数								
F値		5.911		**		12.763		**
調整済決定係数		0.133				0.380		
標本数		97				97		

注1）従属変数 人口1人当たり課税対象所得額の伸び率.
注2）**：1％有意，*：5％有意.
出所）筆者作成.

　その結果，全ての推定式のF値は有意となっており，自由度修正済決定係数は 0.07 以上 0.38 の水準にある．また，注目した変数であるシティマネージャー派遣の有無は，全てのモデルで1％または5％有意でかつ符号が一致した．また，個別の変数について整理をおこなった結果，先行研究において主張されていた内発的発展の重要な要素のうちいくつかは有意な水準とならなかった．

　「製造業従事者比率」は全項目投入モデル（モデル2），外発的産業政策：企業誘致モデル（モデル8）のいずれも有意な水準とならず，「小売吸引力係数」も全項目投入モデル（モデル2），地域内経済循環モデル（モデル6）のいずれも有意な水準とならなかった．

　「開業率」は全投入モデル（モデル2），地域の主体性と参加モデル（モデル5），地方創生の主要方針（モデル9）の全てにおいて1％有意であった．

　「転入率」は企業家人材の誘致・発掘・育成モデル（モデル3）で5％有意となっているものの，全投入モデル（モデル2），外発的産業政策：企業誘致モデル（モデル8），地方創生の主要方針（モデル9）では有意な水準とならなかった．

　「卒業者総数に占める大学・大学院比率」は，全投入モデル（モデル2），知識人材とイノベーション（モデル7-1, 7-2），地方創生の主要方針（モデル9）でいずれも1％水準で有意であったがマイナスの符号となった．

　イノベーション産業である「情報通信業の従事者比率」は全項目投入モデル（モデル2），イノベーション基盤（モデル7-1），地方創生の主要方針（モデル9）の全てにおいて有意な水準とならなかった．「首長の当選回数」は全項目投入モデル（モデル2），リーダーシップ（モデル4）のいずれも有意な水準になっていない．

　以上，先行研究において主張されていた内発的発展の重要な要素の多くが有意な水準とはならず，これらを踏まえると，内発的発展要素単独では実際の地域産業政策の成果としての地域の成長・発展を必ずしも説明できていないことが整理された．一方，地方創生施策である地方創生人材支援制度による自治体幹部の外部人材登用の有無は，全てのモデルにおいて常に有意であり，シティマネージャー派遣（モデル1），強い政治的リーダーシップ（モデル4），地域の主体性と参加モデル（モデル5）において1％有意，そのほかのモデルでは5％有意であった．

　また，モデル毎に特徴を分析すると，強い政治的リーダーシップ（モデル4），地域産業連関の重視（モデル6）は地域産業政策の成果としての地域の成長・発展を必ずしも説明できず，モデル8（外発的発展施策）も同様であった．

　全投入モデル（モデル2）では，シティマネージャー派遣の有無は5％有意，開業率，卒業者総数に占める大学・大学院比率は1％有意であり，卒業者総数に占める大学・大学院比率はマイナスの値となった．標準化偏回帰係数をみると開業率が0.437と最も影響度が高く，シティマネージャー派遣は0.193，卒業者総数に占める大学・大学院比率は−0.433であった．卒業者総数に占める大学・大学院比率はマイナスであることは，大卒・大学院を卒業した人材が地域に多いことが地域の成長・発展にマイナスの影響を与えていると言えるが，偏回帰係数は−0.006であり，卒業者総数に占める大学・大学院比率が1単位

増加する場合の人口1人当たり課税対象所得額の伸び率への影響は−0.6%と影響は極めて低いといえる.

　以上の分析により,本分析の分析対象自治体である条件不利地域と定義した小規模雇用圏の中心都市97自治体においては,地方創生人材支援制度による自治体幹部の外部人材登用が,全てのモデルで一貫して高い影響力で地域産業政策の成果としての地域の成長・発展の指標である人口1人当たり課税対象所得額の伸び率を高めることに寄与していること,内発的発展要素のうち開業率（地域の主体性と参加）が人口1人当たり課税対象所得額の伸び率を高めることに寄与していることが導出された.また,卒業者総数に占める大学・大学院比率（知識人材とイノベーション）は人口1人当たり課税対象所得額の伸び率に対してマイナスの影響を与えるがその影響度は極めて小さいことが導出された.

第4節　条件不利地域に立地する基礎自治体の成長要因

　本章では,産業基盤が弱く地域資源に制約のある条件不利地域に立地する基礎自治体の成長は,内発的発展の要素ではなく外発的な要素に強い影響を受けていることを統計的に検証した.

　地域産業政策の成果としての地域の成長と内発的発展の要素との関係については,地域の主体性と参加を表す開業率が高いほど地域の成長を表す人口1人当たり課税対象所得額の上昇の効果はプラスとなること,他の内発的発展の要素は影響を与えないこと,知識人材を表す卒業者総数に占める大学・大学院比率は効果を低減するもののその影響度はごく僅少であることが整理された.

　一方,地方創生の施策を表す地方創生人材支援制度による自治体幹部の外部人材登用は,地域の成長・発展を表す人口1人当たり課税対象所得額の上昇に大きく寄与することが整理された.

　これらの結果を踏まえると,地域産業政策の成果としての地域の成長のためには,起業・開業を促進させるための方策が重要である一方で,行政機構内で

リーダーシップを発揮する自治体幹部を外部より登用することが地域産業政策の成果としての地域の成長を誘発するといえよう.

　官治主義的で外発的との批判の多い地方創生政策ではあるが, 産業基盤が弱く地域資源に制約のある条件不利地域における自治体幹部の外部登用は, 元々の制度設計時に意識された「外発的な手法を活用することで内発的発展を誘導する」効果があると言える. 地域主義に埋没せずにしがらみのない外部人材を積極登用して行政が地域のコントロールタワーとしてリーダーシップを発揮し, 地域産業政策を牽引することが, 地域の成長・発展の重要な要素になると主張しうるのではないかと考える.

　なお, この点については, 外部との開かれた交流を内発性のエネルギーと認識し, 横断的な連携をサポートする自治体側の体制の重要性を主張する近年の内発的発展論の主張にも沿ったものとなっている.

　ただし, 本章の分析にはいくつかの課題が存在する. 第 1 に, 地域産業政策の成果としての地域の成長の要素の影響度検証は, より長期的な視点で進めていく必要があるという点である. 小規模自治体を対象とした外部人材登用制度である地方創生人材支援制度は 2015 年にスタートしたばかりの制度である. 本章では当該制度の影響を分析するために制度開始である 2014 年度から 2017 年度の人口 1 人当たり課税対象所得額の伸び率を分析データとして採用したが, より長期的な視点で影響度の検証をする必要がある.

　第 2 に, 本章において内発的発展の重要な要素を市町村の統計情報を基にして検討し変数として採用した各指標が, 先行研究において主張された内発的発展の要件を正確に表し切れているのか, よりよい指標が存在しないのかという点である.

　第 3 に, 本章では対象自治体として都市雇用圏 (UEA) のうち小規模雇用圏の中心都市 97 自治体を抽出し検証を試みたが, 今回分析対象としなかった郊外都市における要因分析および中心都市と郊外都市のガバナンス構造の違いを踏まえた分析については今後の課題である.

　以上のようにいくつかの課題はあるものの，産業基盤が弱く地域資源に制約のある条件不利地域において，自治体幹部の外部人材登用は地域の成長・発展を表す人口1人当たり課税対象所得額の上昇に大きく寄与することが整理された．しかし，地方創生人材支援制度はまだ始まって間もない制度であり，当該制度により派遣を受けた自治体は令和3年度で延べ289自治体と[13]，社会的認知を広く得ている状況にない．また，自治体のおかれている条件は一様ではなく，内発的発展をもたらす要因は自治体毎に異なっていることから，本来，地域における取り組みは，より長期的な視点で継続的に検証されるべきものと考える．本章の分析は，統計情報や分析・検証する制度開始のタイミングの問題があり比較的短い時間軸での分析となったが，今後とも継続的に効果分析・検証を進めていく必要がある．

注

1）「まち・ひと・しごと創生基本方針2019」（https://www.kantei.go.jp/jp/singi/sousei/info/pdf/r01-06-21-kihonhousin2019hontai.pdf, 2019年8月18日閲覧）.

2）「まち・ひと・しごと創生基本方針2020」（https://www.kantei.go.jp/jp/singi/sousei/info/pdf/r02-07-17-kihonhousin2020hontai.pdf, 2020年9月6日閲覧）.

3）「まち・ひと・しごと創生基本方針2019」（https://www.kantei.go.jp/jp/singi/sousei/info/pdf/r01-06-21-kihonhousin2019hontai.pdf, 2019年8月18日閲覧）.

4）「平成26年度地域経済産業活性化対策調査　今後の企業立地等施策に関する方策検討調査事業報告書」（https://www.meti.go.jp/meti_lib/report/2015fy/000311.pdf, 2019年8月18日閲覧）.

5）D' Addio and d'Ercole［2005］によると，日本の出生率は，育児費用の軽減や育児休業の拡充，入学前児童の公的な制度充実，パートタイム雇用の拡大等により2.0まで回復する可能性があるとしている．

6）派遣対象自治体の人口規模要件は当初5万人以下であったがその後10万人以下に緩和され，令和3年度は，民間企業所属者については指定都市以外の基礎自治体が派遣対象となるなど，大幅に派遣条件が緩和されている．

7）実際に，地方版総合戦略の策定および実行をミッションとされていた同制度運用第1期において，民間シンクタンクおよび大学教員から派遣された者の一部は，役職名にシティマネージャー（またはタウンマネージャー，ビレッジマネージャー）という呼

称を使用していた．なお，役職名としてマネージャーという名称を使用していたのは宮城県女川町，千葉県横芝光町，愛知県豊根村，滋賀県米原市，大分県杵築市の 5 市町村であり，派遣者の属性は大学研究者 1 名（横芝光町），民間シンクタンク 4 名（女川町，豊根村，米原市，杵築市）である．

8 ）小田切徳美［2011］「ネオ内発的発展論」全国町村会ホームページ，（https://www.zck.or.jp/site/column-article/4843.html, 2021 年 5 月 3 日閲覧）．

9 ）WWG のエビデンスレビューは，WWG ホームページ（https://whatworksgrowth.org, 2019 年 12 月 6 日閲覧）を参照．

10）分析対象自治体は，岩見沢市，留萌市，士別市，滝川市，深川市，富良野市，倶知安町，岩内町，新ひだか町，五所川原市，十和田市，むつ市，宮古市，北上市，一関市，釜石市，奥州市，白石市，大崎市，能代市，横手市，大館市，湯沢市，由利本荘市，大仙市，米沢市，新庄市，長井市，白河市，南相馬市，鹿嶋市，筑西市，神栖市，大田原市，那須塩原市，沼田市，館林市，秩父市，本庄市，毛呂山町，館山市，柏崎市，十日町市，村上市，七尾市，小松市，敦賀市，小浜市，富士吉田市，上田市，飯田市，諏訪市，伊那市，佐久市，高山市，関市，伊東市，掛川市，御殿場市，裾野市，尾鷲市，伊賀市，長浜市，甲賀市，東近江市，福知山市，洲本市，豊岡市，西脇市，田辺市，新宮市，倉吉市，浜田市，益田市，津山市，萩市，宇和島市，八幡浜市，四万十市，飯塚市，田川市，朝倉市，唐津市，鳥栖市，伊万里市，島原市，人吉市，水俣市，山鹿市，天草市，中津市，日向市，鹿屋市，薩摩川内市，霧島市，奄美市，名護市の 97 自治体である．

11）首長の再選回数は，2019 年 10 月 31 日基準として，各市町村の選挙管理委員会等のホームページからデータを抽出し，分析を実施している．

12）「地方創生加速化交付金事業の効果検証に関する調査報告書」（https://www.kantei.go.jp/jp/singi/sousei/about/kouhukin/index.html, 2019 年 8 月 18 日閲覧）及び「地方創生推進交付金事業の効果検証に関する調査報告書」（https://www.chisou.go.jp/sousei/pdf/h300427suisin_houkokusho.pdf, 2019 年 8 月 18 日閲覧）を参照．

13）基礎自治体の中には複数回派遣を受けているところも存在する．派遣自治体実績は，内閣官房・内閣府総合サイト　地方創生（https://www.chisou.go.jp/sousei/about/jinzai-shien/index.html, 2021 年 9 月 25 日閲覧）参照．

第2章

行政の積極性と地域の成長

は じ め に

前章では，基礎自治体の統計データを活用して，条件不利地域に立地している基礎自治体においては，内発的発展要素のみでは地域の成長・発展は難しいという内発的発展論の根本的な課題を提示した．

前章の分析を踏まえて本章では，既存の研究結果を整理しながら，条件不利地域においては行政が積極的であるべきであることについて，その理由は何か，そして，実際に行政が積極的であると地域の活性化が進むのかという点について考察をしていきたい．

本章では，まず経済学的視点から経済成長を捉える場合の理論について整理した上で，海外における地域産業政策の事例および日本における行政の役割について考察する．その上で，企業が拠点新設を判断するにあたって，企業誘致政策がどのように影響を与えたのかについて考察をおこなう．その後，内発的発展に不可欠な人的資源や地域資源を外部から補完せざるを得ない状況にある条件不利地域における積極行政の事例として島根県海士町における行政の取り組みについて整理した上で，ネットワークの設計・管理の視点から行政の役割を考察する．以上によって，条件不利地域に立地する都市の活性化・地域の成長の実現には，行政が積極的である必要があるという点を明らかにする．

第1節　積極行政の必要性

　マクロ経済成長の理論である内生的経済成長理論では，経済成長には人的資本や意図的なR＆D活動からもたらされる技術進歩による新しいアイデアといった要素が重要であり，人的資本の蓄積や学習効果による知識の蓄積とイノベーションが企業等の生産および投資行動に影響を及ぼすとしている．そして，これらのアイデアが社会の他の部分へとスピルオーバーすることにより生産性向上が実現し，長期的な経済成長を実現しうると主張する［Barro and Sala-i-Martin 2004］．

　しかし，これらの活動は常に投資不足であることから，イノベーションを阻害する市場の失敗が存在しており，成長率と基礎的な発明活動の量はパレート最適でない可能性があること，そのため長期的成長率は，課税，法と秩序の維持，インフラに関するサービスの供給，知的所有権の保護，および国際貿易・金融市場・経済等の側面といった政府の行動に依存していることなどを主張している［Barro and Sala-i-Martin 2004］．このように，内生的経済成長理論では，経済政策に政府の介入は一定程度認められるという主張がある．

　では，内生的経済成長理論で指摘されているような，長期的な経済成長のために必要な技術進歩によるイノベーションを阻害する市場の失敗や投資不足といった歪みを是正するために積極的な政策介入を進めるべき，との主張は基礎自治体における地域産業政策の議論においても展開できるのであろうか．

　Moretti［2012］は，経済的に苦しんでいる都市の経済を活性化させる方法として，労働市場の需要サイドのアプローチと供給サイドのアプローチがあるとしている．前者は雇用主である企業を誘致し，その結果として高技能の働き手の移住を期待して推進するような，企業等にとって魅力的な税制優遇策や奨励措置を講じる政策（企業を買収する政策）であり，後者は高技能の働き手を引きつけ，それを追って企業が進出することを期待して推進する町の住み心地をよく

する政策（働き手を買収する政策）である．

　多くの都市がイノベーション産業を育み，過去の足枷にとられて経済を発展させられずにいる悪しき均衡から脱するために補助金等のビックプッシュ（＝大きな一押し）戦略を推進しているが，ビッグプッシュ戦略が成功するためには「プッシュ」が「ビッグ」でなければならず，成功が長続きしないとしている．また，この種の政策を成功させるには政策担当者が有望な企業を見極めて投資することが求められるが，どの産業や企業が成功するかを予測することは無理難題に等しいと述べている．

　Moretti［2012］は，地域活性化策が成功した事例として 1993 年のクリントン政権下におけるエンパワーメントゾーン・プログラムを取り上げている．Moretti はこの成功要因として，企業や個人がわざわざコストを負担してまで行動を起こそうとしなかった貧困地区の雇用創出や犯罪率の低下といった社会的恩恵が政策実施の過程で生じた多くの外部性の結果としてもたらされたこと，政府がベンチャーキャピタリストのような役割を担わずに，その地区に恩恵をもたらしそうな投資には分け隔てなく補助金を支給したこと，補助金が民間投資の呼び水になったこと，インセンティブが適切に設計されておりプログラムが概ね他の地区の雇用創出を犠牲にすることなく新たな雇用を生み出したこと，の 4 つを指摘している．

　また，英国の EBPM 推進機関のひとつである WWG では，需要サイドおよび供給サイド双方へアプローチするための様々な地域産業戦略についてエビデンスレビューをおこなっている．ここでは WWG が公表している主なエビデンス・レビューのうち，イノベーションや Moretti が成功事例として取り上げたエンパワーメントゾーン・プログラムに近い事例として「Area Based Initiative」（以下，「ABI」と称する[1]）および「イノベーション[2]」を取りあげる．

　「ABI」は，衰退した地域をターゲットとして，企業誘致を切り口として進出企業への減税，補助金，規制緩和，交通／通信等のインフラの改善といった Enterprise Zone（以下，「EZ」と称する）プログラムの効果を検証したものである．

　エビデンス・レビューでは，EZ プログラムは進出企業における事業運営の中では極めて小さくインセンティブは低いこと，プログラム推進としても誘致企業が撤退するリスクを常に内包していること，EZ や ABI は地域の雇用を特定の場所で増加させる一方で近隣地域を犠牲にしているため広域でみると全体的な成長は少ない（または全くない）こと，集積による生産性改善効果は想定よりも小さいこと，EZ による集積は，輸送，ブロードバンド，その他ビジネス向けサービスといった自治体のインフラ提供コストの削減には寄与すること，などを提示している．

　つまり，EZ プログラムの推進については一定の効果は存在するものの，誘致企業の撤退リスクや近隣地域を犠牲にした政策のために広域での効果は少ないため，地域産業戦略全体としては効果を明示するに値するエビデンスは提示し切れていないという結論となっている．

　「イノベーション」は，イノベーション政策が地方レベルでのイノベーションの拡大，企業業績の長期化，または長期的な経済成長につながるかどうかおよび各種の支援プログラム（新しいアイデア，製品，プロセスを生み出すことを目的として，政府が民間部門の研究開発を支援するイノベーションプログラム）の効果について検証したものである．

　エビデンス・レビューでは，民間部門の研究開発を支援する各種プログラムの実施にはプラスの効果を与えるが，その効果は企業規模に大きく左右されること，助成金プログラムは大企業よりも中小企業の方が生産性等の改善効果の可能性が高いこと，共同研究を奨励するプログラムは，民間企業のみをサポートするプログラムおよびプログラムの焦点が不明確なプログラムよりも優れたパフォーマンスを残すこと，特定の生産部門を対象としたプログラムは，特定の部門に依存しないプログラムと比較して，研究開発の支出とイノベーションの増加という点でわずかに悪いことなどが示されている．

　そして，イノベーションプログラム等の政策が地方レベルでイノベーションの拡大，企業業績の改善，長期的な経済成長をもたらすのかどうかについて明

確なエビデンスは提示し切れていないこと，政策実施の結果として正味の利益がもたらされる可能性がある一方で，経済的便益の多くがスピルオーバーしてしまい，結果として当該地域の政策として意味をなさないことがあり，局所化されたイノベーション政策が地域の経済成長を推進するのに果たす役割には注意が必要であるとしている．

　これらを踏まえると以下のとおり整理できる．内生的経済成長理論では，人的資本の蓄積や学習効果による知識の蓄積とイノベーションが企業等の生産および投資行動に影響を及ぼすとともに，これらのアイデアが社会の他の部分へとスピルオーバーすることにより生産性向上が実現し長期的な経済成長を実現しうること，これらの活動は常に投資不足でありイノベーションを阻害する歪み（いわゆる市場の失敗）が存在すること，内生的成長のためには市場の失敗を「標準」であるとみなして政策介入を進めることが必要であるということが主張されている．

　一方，地域産業政策の展開においては，経済的に苦しんでいる都市の経済を活性化させる方法として様々なビッグプッシュ戦略が取られているものの，その成功のためには様々な前提が存在すること，より局所化されたイノベーション政策は地域の経済成長を推進することに果たす役割を限定的にする（または意味をなさない）可能性があるということである．

　つまり，行政が果たすことのできる役割は限定的であるが，「積極行政を展開することが必ずしも地域の成長を実現するとは限らないもとはいえ，なんの手も打たずに地域経済が発展することなどないのだ」[Moretti 2012: 213-214]とMorettiが述べているとおり，経済的に苦しんでいる都市の経済を活性化させるためには，行政として市場の失敗を標準とみなしながら様々な手を打っていくことが必要であるということである．

第 2 節　企業誘致の視点からみる行政の役割

　行政の果たすべき役割や積極行政の必要性については，企業誘致におけるプロセスと誘致企業の意識からも整理が可能であると考える．地域産業政策が内発的であるか外発的であるかはさておき，ここでは，実際に企業誘致が実現したケースにおいて，企業の拠点新設の判断に，行政による進出環境や進出条件の整備といった企業誘致政策がどのように影響を与えたのかについて考察をおこなう．

　企業誘致等における意識等についてまとめている統計としては経済産業省の工業立地動向調査[3]がある．本節では，工業立地動向調査のうち立地地点選定理由別選択件数から進出企業の進出行動に行政の取り組みや活動がどの程度影響を及ぼしているのかを整理する．

　まず，立地地点選定理由別選択件数の特徴を平成元年から令和元年までの経年変化から考察する．工業立地統計調査では，立地地点選定理由を 1989 年以降定点観測している．しかし，立地地点選定理由の選択肢が 1994 年および 2007 年に変更されていること，2004 年～2006 年は統計データがないことから 2007 年から 2019 年の統計データについて分析をおこなうこととする．

　立地地点選定理由は 18 項目あるが，各項目を行政の政策に関わることと，立地・利便性，バリューチェーン最適化，コスト，その他の 5 項目に分類した上で分析をおこなった．なお，各項目と立地地点選定理由選択肢の関係は**表 2-1** のとおりである．

　図 2-1 は立地地点選定別理由件数のうち最も重要な理由についての 2007 年から 2019 年までの経年変化を分析したものである．ここ数年は進出にかかるコスト（地価が安い）よりも圧倒的に事業のバリューチェーン最適化に資することを重視しており，行政の政策に関わる項目は 6.4％～15.5％と低い．とはいえ，

表 2-1　立地地点選定理由選択肢の分類

大項目	選択肢					
行政の政策に関わること	国・地方自治体の助成	地方自治体の誠意・積極性・迅速性	工業団地である	工業用水の確保	周辺環境からの制約が少ない	
立地・利便性	人材・労働力の確保	高速道路を利用できる	空港・港湾・鉄道等を利用できる	学術研究機関の充実（産学共同等）		
バリューチェーン最適化	原材料等の入手の便	市場への近接性	関連企業への近接性	本社・他の自社工場への近接性	流通業・対事業所サービス業への近接性	他企業との共同立地
コスト	地価					
その他	経営者等の個人的なつながり	その他				

出所）工業立地統計調査をもとに筆者作成.

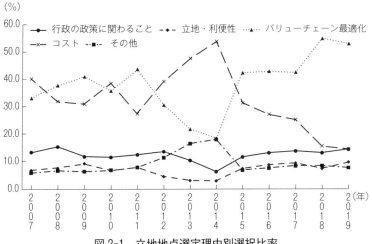

図 2-1　立地地点選定理由別選択比率

注）最も重要な理由.
出所）工業立地統計調査をもとに筆者作成.

2014 年に 6.4％と最も低い数値となって以降ここ 6 年は行政の政策に関することを最も重要と考える企業が増加しており，直近（2019 年）では，バリューチェーン最適化を最も重視するとした企業が 53.0％，次いでコストが 14.7％，行政の政策に関わることが 14.5％となっている．

　図 2-2 は，立地地点選定別理由件数のうち最も重要な理由およびその他の主な理由の合計について 2007 年から 2019 年までの経年変化を分析したものである．立地地点選定理由は，図 2-1（最も重要な理由）と同様にバリューチェーン最適化が最も高い数値となっているものの，行政の政策に関わることが 28.7％～34.2％とバリューチェーン最適化に次いで重要という結果となっている．全体としては「行政の政策に関わること」の重要性は低下傾向であるものの，実際に企業が他地域に進出したケースにおいては，行政による進出環境や進出条件の整備といった政策展開の巧拙を進出企業は強く意識をしているということを読み取ることができる．

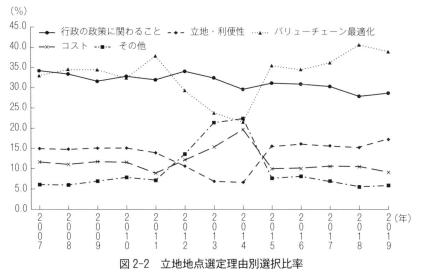

図 2-2　立地地点選定理由別選択比率

注）最も重要な理由・その他の主な理由の合計．
出所）工業立地統計調査をもとに筆者作成．

　直近（2019 年）の立地地点選定別理由件数（最も重要な理由）を地域別に分析したものが**図 2-3** である．企業が進出する際に最も重要と認識する項目は各地域とも総じて「バリューチェーン最適化」であったが，東北地方および北陸地方は「行政の政策に関すること」が最も高い結果となった．また，東北，北陸，中国，四国といった地域は「バリューチェーン最適化」を最も重視すると回答したものの，「行政の政策に関すること」の選択比率が相応に高く，行政の産業政策を重視する意識が見られた．

　直近（2019 年）の立地地点選定別理由件数（最も重要な理由およびその他の主な理由の合計）を地域別に分析したものが**図 2-4** である．企業進出にあたっては「バリューチェーン最適化」を重視する意識は変わらないものの，「行政の政策に関わること」を重視する割合は総じて高く，首都圏，愛知，静岡，近畿圏（含む京都・大阪・兵庫），福岡以外の地域は行政への期待値が高いことを示している．

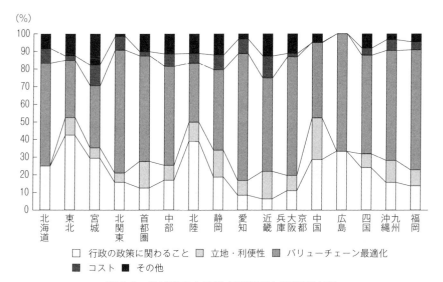

図 2-3　地域別の立地地点選定理由別選択比率

注）最も重要な理由.
出所）工業立地統計調査をもとに筆者作成.

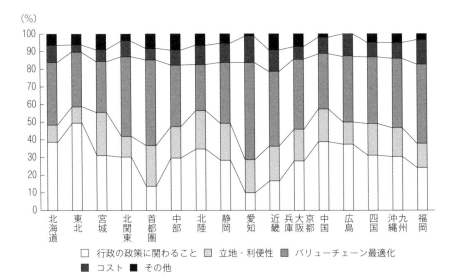

(%)

図 2-4　地域別の立地地点選定理由別選択比率

注) 最も重要な理由およびその他の主な理由の合計.
出所) 工業立地統計調査をもとに筆者作成.

　以上，工業立地動向調査の統計情報から，企業誘致による進出企業の意識か
ら行政の役割について分析をおこなったが，行政による進出環境や進出条件の
整備といった政策が進出企業にどのように影響を与えているのかについては，
特定地域の産業振興に関する実態調査等からも読み取ることができる.

　経済産業省では，地域未来牽引企業[4]を対象にして，過去の起業立地における
拠点選択理由および今後の進出計画における所在地選択で重要視する理由並び
に起業立地にあたっての課題についてアンケート調査を実施している[5].

　当該アンケート調査によると企業の拠点選択理由は，本社との位置関係，産
業集積の有無，規模（土地，床面積）の確保が多く行政支援の充実という要素は，
一部の業態（拠点増設を計画する非製造業）を除いては低い割合となっている.　一
方で立地における課題として行政の支援をあげる企業は 4 割を超えており，具
体的な課題として「煩雑な手続きや高いハードル（の存在)」「手続きにかかる時

間等のスピード感（の欠如）」「誘致する熱意」があがっているなど，企業側が行政側の対応に課題があり，その課題への適切な対応を期待する声も相応に存在している.

　また，国土交通省近畿経済産業局は，大阪湾ベイエリアを核とする産業活性化方策の検討において，近畿圏内に立地する企業宛にアンケート調査を実施している[6].

　このアンケート調査結果によると，生産拠点・物流拠点の立地を考える際に重視する点として上位にあげられている項目は，「労働力の確保」「市場への近接性」「従業員の通勤の便」「高速道路を利用できる（物流拠点の立地では第2位）」であり，自治体等の女性・協力の項目は低い数値となっている．一方で，産業立地促進及びベイエリアの国際競争力向上に向けた課題と方策では，上位より「物流コストの削減」「産業誘致のためのインセンティブ強化」「物流時間の短縮・削減」「通勤利便性の向上」「新たな産業用地の創出」の順となっており，「産業誘致のためのインセンティブ強化」「新たな産業用地の創出」など行政がイニシアチブを発揮する政策への期待も大きい.

　加えて「拠点整備へ関心のある企業属性別立地選択要因の特化係数をみると，電子部品・デバイス製造業や電気機械製造業，パルプ・紙・木製品製造業生産拠点整備への関心が高い産業分野の企業は「自治体等の助成・協力」を重視する傾向が高いことも指摘されている.

　以上の考察を踏まえると，企業は自社のバリューチェーン最適化を最も重要な要素として進出地域を検討しているものの，一方で，助成制度や行政の事業環境整備の本気度，行政の誠意・積極性・迅速な取り組みといった，行政の産業政策に係る活動が意思決定に相応の影響を与えていることが提示された．特にバリューチェーン最適化を進めるにあたっての産業立地上の枠外にある条件不利地域においては，進出する企業側も行政の積極的なイニシアチブ発揮への期待は大きいものと推察される.

第3節　行政の信頼の構造からみる行政への期待役割

　また，行政の信頼の構造という視点から行政への期待役割の高さを考察することを通じても，行政の果たすべき役割や積極行政の必要性について整理が可能であると考える．

　Bouckaert and Van de Walle [2001] は，政府のパフォーマンスと行政の信頼の研究において，政府に対する不信の構造をManagement, Public Administration, Sociology, Economy の4つの視点で整理している（**表2-2**）．

　またBouckaert and Van de Walle [2001] がモデル化した政府の行政サービス改善の要因のフローチャートによると，政府への信頼における重要な要素は，住民の実際に受けたサービスへの認識（Perception）であり，これらが市民からの具体的な要望や苦情，満足度調査等の結果といった声（Voice）やサービスへの忠誠（Loyal），サービスを受けない（Exit）といった行政サービスの品質への評価行動に現れ，そしてこれらの評価が政府全般に対する信頼性や行政サービスの品質向上に影響を与える，というものである [Bouckaert and Van de Walle 2001].

表2-2　行政に対する信頼の視点

	（パフォーマンスの）診断	（住民からの）反応	改善手法
目標管理 （Management）	（事業の）パフォーマンス	（地域からの）転出／ 不満等の表明／支持	サービスの質向上
行政管理（Public Administration）	政府の守備範囲を超える活動量	（地域からの）転出／ 不満等の表明／支持	（行政の）期待値管理
社会的視点 （Sociology）	不信	（地域からの）転出／ 不満等の表明／支持／ 目的喪失	社会関係資本，規範， アイデンティティ
経済的視点 （Economy）	プリンシパル-エージェント関係	協力，対立	参加

出所）Bouckaert and Van de Walle [2001].

　また，政府に対して元々有している信頼には，政府の掲げる政策との親和性や行政機関との親和性，行政サービスの成果（Output），サービス提供までのプロセスへの期待などから生じており，行政機関との親和性・行政サービスの成果・サービス提供までのプロセスへの期待は行政サービスの特性や知識等によって影響を受ける，としている．そして，行政サービスの満足度は，客観的なサービスの品質だけではなく，行政サービスへの期待と実際のサービスへの認識や受け止め方の一致・不一致によって影響されるという．

　つまり，行政サービスの品質のマネジメントだけでなく認識と期待の管理が必要であり，行政への不満は，行政機関との親和性・行政サービスの成果・サービス提供までのプロセスへの期待と住民の実際に受けたサービスへの認識との間の不一致によって引き起こされると主張している．そして，行政への不満は，行政の機能不全の結果であり，住民の期待が高まった結果，行政の守備範囲を超える活動量（オーバーロード）のために，行政が期待を超えるサービスを提供できないことに起因するとしている［Bouckaert and Van de Walle 2001］．

　野田［2008］は，この政府（行政）の不信の要因であるオーバーロードについて，高すぎる期待との関連で行政サービスの質が判断された場合，その評価が低くなることの裏返しとして，行政があらゆるネットワークのマネジメントの中心的な主体として期待されている［野田 2008：74］としており，ガバナンスに注目が集まり公共サービスを担う多様な主体の存在に気づき始めた今日的状況においても依然として住民の側も行政に対する期待は高く，行政はガバナンスの中心的主体としての期待が存在することを述べている．

　また，真山［2002］も，従来ネットワークづくりの中心となっていたのが自治体であったが，今後は自治体以外のアクターがネットワークづくりの主体となるケースが増えていきつつもネットワークの中における政府部門の役割の相対的な大きさは続く点を指摘している．

第4節　条件不利地域における積極行政の事例研究

　次に，中山間地域や島嶼部の小規模自治体における積極行政の事例をもとに，条件不利地域においては公共主体である基礎自治体が積極的な役割を担うことが，地域の自立的発展に向けて重要であることを整理する．河藤［2015］は，産業政策の原則に照らせば公的主体による事業活動への政策的関与は小さい方が望ましいが，個別の事業者に対する支援だけでは産業政策の目的を達成することが困難な地域において，公的主体による更に積極的な関与が地域経済の規模拡大や付加価値向上につなげることの必要性を，島根県海士町などの取り組みを事例として考察している．

　島根県の隠岐諸島に位置する海士町は，水産業および農業を主要産業とする過疎地域である．『2018 海士町勢要覧資料編』[7]によると，海士町の人口は 1950年に 6986 人をピークとして減少傾向にあり，1970 年 4257 人，1990 年 3119 人，2000 年 2672 人，2010 年 2374 人，2015 年 2353 人となっている．少子高齢化により自然人口減少が続くほか，進学や就職等を契機とした社会人口減少が進んでいたが，2005 年以降自然人口増加傾向にあり，人口減少は進むもののそのスピードは改善している．

　地方創生の取り組みにおいては，地方から都市部に流出するひととお金の流れを反転させる仕組みづくりをテーマに，食品衛生の国際基準（ISO22000）を所得した CAS 冷凍システムの導入や，いわがき春香，隠岐牛などのブランド農産品の開発と販路拡大など「島まるごとブランド化」を推進しているほか，親子島留学，国際協力機構（JICA）の研修機能の一部移転，ブランド米「海士の本氣」の開発，東京・福岡における離島キッチンの展開などの取り組みを推進している．

　また，海士町エンジン全開計画《第二期海士町創生総合戦略・人口ビジョン》[8]によると，「外貨」を稼ぎ家族で生活できる産業の育成，島内事業所の衰退

や廃業に伴い高まりつつある島外依存度という課題を踏まえて，いわがき春香，CAS 商品，隠岐牛のほか，本気米，ぶどう（ワイン），大敷定置などの新たな取り組み支援や集落営農組織立ち上げ，新技術や ICT などの積極的な導入による環境整備を進めている．このように，(1) 島にある地域資源を戦略産品として位置づけた新技術の研究開発・導入による生産体制強化と販路拡大，(2) 新たな観光の仕組みづくり，(3) 地域資源と人材を活用した新たな仕事づくりと島内事業者の起業・継業のための民間の新たな挑戦を支援するためのふるさと納税を活用した基金の創設や，役場職員による半官半 X の働き方推進といった産業政策を推進している．

　河藤 [2015] は，海士町の産業政策の特徴として，CAS 凍結センター整備，[9] 製塩施設整備，直売所機能を有した情報発信・交流拠点整備といった産業振興を目的とした施設整備を行政が自ら積極的におこない，かつその施設の運営を町が出資する第三セクターで実施するという点をあげている．

　つまり，海士町では，民間事業者の事業展開にとってハードルとなる新技術導入・整備を行政が実施し，民間事業者がその設備を活用して事業展開できる環境整備をおこなうことにより，地元事業者の自立的な経済活動を誘導する政策をとっている．このような事業環境整備のリスクを行政が主導した結果として，地元企業の事業活動が進んだだけでなく，自立・挑戦する環境を評価する島外事業者および起業家の誘引および事業参入を実現している．

　河藤 [2015] は，産業政策の原則を，自由競争を前提とした市場メカニズムが健全に機能し，企業が自主的に事業活動を展開できるよう，国や自治体，またはそれに準ずる公的主体が一定の限度において規制や支援策を講じるのが産業政策である [河藤 2015：7] としている．

　この産業政策の原則に従うと，海士町の産業政策は，自由競争を前提とした市場メカニズムが健全に機能する仕掛けとしては踏み込みすぎているとも言える．しかし河藤 [2009] は，企業の自主的な進出に期待していては成果が望めない地域の産業振興において，その地域で所得が得られる産業が育つために公共

主体である町が自ら地域内の地場産業である漁業や農業の生産性を高めること，地域外に有望市場を開拓することが求められること，そしてその結果として地域外から地域産業への参画を希望しＩターンする人が出てくる可能性も生まれるとも述べている．

　つまり，内発的発展要素に乏しく地元事業者への支援だけでは産業政策の目的を達成することが困難な条件不利地域においては，行政が積極的な政策実施に取り組むことで自立的な経済活動をおこなう事業者の創出や誘引をもたらし，結果として地域の内発的な成長が誘導され，地域の成長が実現するといえよう．

第5節　積極行政は地域の成長を促すのか

　以上，先行研究や各種調査報告書，統計データの整理・分析結果からは5つの点が整理できた．

　第1に，内生的経済成長理論等で主張されている積極的な行政の政策介入は地域産業政策としては現時点では必ずしも頑健なエビデンスを提示できていないことである．

　第2に，地域産業の主体は民間であり行政が当該政策分野において果たすことのできる役割は限定的であるものの，経済的に苦しんでいる都市の経済を活性化させるためには行政として市場の失敗を標準とみなしながら様々な手を適切に打っていく必要があることである．

　第3に，実際に企業誘致が実現したケースをみると，企業にとっては依然として行政の積極的なイニシアチブ発揮への期待は大きいと思われることである．

　第4に，ガバナンスに注目が集まり公共サービスを担う多様な主体の存在に気づき始めた今日的状況においても，依然として住民の側も行政に対する期待は高く，ネットワークの中における政府部門の役割の相対的な大きさは続くことである．

　そして第5に，産業政策の原則に照らせば，公的主体による事業活動への政

策的関与は小さい方が望ましいが，個別の事業者に対する支援だけでは産業政策の目的を達成することが困難な地域においては，行政が積極的な政策実施に取り組むことで，自立的な経済活動をおこなう事業者の創出や誘引をもたらし，結果として地域の内発的な成長が誘導され，地域の成長が実現することである．

　では，実際に行政が積極的な地域産業政策を展開した地域の経済は活性化するのであろうか．本節では，前述までの先行研究等の整理を踏まえつつ，実際に積極行政を展開することが地域の成長にどのように影響するのかという点について検討する．

　先行研究や各種調査報告書及び統計データの整理・分析結果から，内発的発展要素に乏しい条件不利地域においては積極的な行政の関与・政策介入は有効であり結果として地域の内発的な成長が誘導されること，行政がイニシアチブをとることが期待されていることは整理された．

　一方で，海外の先行研究や地域産業政策におけるエビデンスレビューにおいて，行政によって展開される「より局所化されたイノベーション政策」が果たすことのできる役割は限定的であるという点も指摘されている［Moretti 2012］など，積極行政が地域の成長に真につながるのかについては明確な答えが提示されているとは言えない．

　以上を踏まえ，本節の分析では「条件不利地域に立地する基礎自治体による積極行政の展開は地域の成長・発展に貢献をしているのか」という問題について統計情報等を活用した計量的研究によって解明を試みる．

　内生的経済成長理論では，成長率と基礎的な発明活動の量はパレート最適でないことから産業成長やイノベーション創出の活動は常に投資不足であり，イノベーションを阻害する市場の失敗が存在することが政府の積極的な政策介入の拠りどころとなっているが，地域産業政策の展開においても行政の地域産業政策への積極的な介入が地域の成長をもたらしているのかという点について分析をおこなう．

　分析にあたっては，「条件不利地域において，行政が産業政策領域に財政的な資源投入を積極的に進めている地域は成長をしている」という仮説を設定し定量分析を試みる．

（1）分析視点および分析にあたって採用するデータ

　分析にあたっては，前述の先行研究等の整理を踏まえながら，Moretti が整理をした労働市場の需要サイド・アプローチと供給サイド・アプローチの2つの政策に関して行政が負担するコスト等を示す統計情報等を独立変数として抽出し，地域の成長との関係性について分析を試みる．

　分析対象となる基礎自治体であるが，前章で調査対象として抽出したものと同条件で調査対象自治体を抽出した．具体的には，金本・徳岡 [2002] の都市雇用圏の自治体分類における小規模雇用圏の中心都市 97 自治体を分析対象として抽出した．なお，調査対象 97 自治体のうち，後述する統計情報が全て取得可能であった 70 自治体にて分析を実施した．

　分析における従属変数は，前章と同様に所得水準にかかる統計情報とし，課税対象所得額を地域産業政策の成果と定義し，従属変数として採用した．

　本分析における独立変数は，地域産業を活性化させる方法として行政が当該政策領域に直接投下する支出額とした．Moretti は行政が負担するコスト（財政支出額）を，労働市場の需要サイド・アプローチと供給サイド・アプローチの2つに整理している．

　企業誘致に関わる税制優遇策や奨励措置を講じる政策である需要サイド・アプローチの指標としては主に商工業の振興，観光，企業誘致に関する歳出項目である商工費の歳出の水準があげられる．

　また，供給サイド・アプローチの指標としては，町の住み心地を良くするという視点で支出される民生費，衛生費，土木費，消防費，教育費などが存在する．

　前掲の英国 WWG は，主にハードに関わる領域として，ブロードバンド，住

宅改修への支援，交通を，主にソフトに関する領域として，公共空間の整備，文化・スポーツ施設への投資などのエビデンス・レビューを提供している．産業政策として直接的に支出している需要サイド・アプローチの政策と比べて，政策展開がいくつかの領域に派生することにより間接的に効果をもたらすと想定されるソフトに関する領域については，その効用が限定的であることや意図しない影響を与える可能性がある．よって，エビデンスの一般化は現状では難しく，直接的な効果を頑健なエビデンスをもって証明できないケースが多いと想定される．

　以上の点を勘案し，ここでの分析においては，基礎自治体の歳出項目のうち，地域産業政策に直接関係する歳出項目を従属変数として抽出する．市町村別決算状況調における歳出項目としては，議会費，総務費，民生費，衛生費，労働費，農林水産費，商工費，土木費，消防費，教育費，災害復旧費，公債費，諸支出金があるが，産業政策にかかる直接支出項目ではない議会費，総務費，民生費，衛生費，農林水産費，消防費，教育費，災害復旧費，公債費，諸支出金は従属変数から除外した上で，労働費，商工費，土木費について従属変数としての妥当性を検討した．

　労働費は，就業者の福利厚生をはかるための諸施策に要する経費であり，目的別内訳をみると，失業者対策費，金融対策，福祉対策，職業訓練開等に要する経費等が主な経費である．商工費は，地域における商工業の振興と経営の強化等をはかるために，おこなわれる中小企業の経営力・技術力向上，企業誘致，消費流通対策といった施策展開に要する経費であり，費用の性質別の内訳をみると，貸付金，補助金，普通建設事業費などが主な支出項目となっている．

　土木費は，道路，河川，住宅，公園等の公共施設の建設・整備・維持管理に関する諸施策に要する経費であり，目的別の内訳では，街路，公園，下水道整備，区画整理等に要する都市計画費のほか，道路・橋りょう費，河川の回収や海岸の保全等に要する河川海岸費，港湾費，住宅費などが主な支出項目となっている．

　これらの歳出項目のうち，地域産業政策として直接支出されているものは，労働費，商工費，そして土木費のうち道路・橋りょう費であるため，当該歳出項目を独立変数として採用した．

　また，地域産業政策の成果としての課税対象所得額に影響を与えると考えられる変数として，基礎自治体の人口，可住地面積，基礎自治体の財政力指数を設定し，分析をおこなうこととした．

　分析対象期間は，国勢調査がおこなわれている 2005 年，2010 年，2015 年および直近のデータとして 2017 年の 4 期間とした．なお，従属変数を課税対象所得額としているが，同一年度の統計データを活用することについて内生性の問題が指摘されうることから，従属変数である課税対象所得額は独立変数として抽出した統計データは 2017 年，2015 年，2010 年，2005 年のデータを利用し，独立変数の各指標は 1 年ずらした 2016 年，2014 年，2009 年，2004 年の統計データを採用した．また，分析にあたって，課税対象所得額，労働費，商工費，

表 2-3　投入変数一覧

大項目	投入変数	抽出期間	出典
地域の成長指標	課税対象所得額を対数化	2017 年，2015 年，2010 年，2005 年	市町村税課税状況等の調
労働費	地方自治体目的別歳出内訳のうち，労働費を対数化	2016 年，2014 年，2009 年，2004 年	市町村税課税状況等の調
商工費	地方自治体目的別歳出内訳のうち，商工費を対数化	2016 年，2014 年，2009 年，2004 年	市町村税課税状況等の調
道路・橋りょう費	地方自治体目的別歳出内訳のうち，土木費内の個別内訳である道路・橋りょう費を対数化	2016 年，2014 年，2009 年，2004 年	市町村税課税状況等の調
人口	住民基本台帳人口を対数化	2016 年，2014 年，2009 年，2004 年	住民基本台帳人口移動報告年報
可住地面積	可住地面積を対数化	2016 年，2014 年，2009 年，2004 年	国勢調査報告　全国都道府県市区町村別面積調
財政力指数	財政力指数	2016 年，2014 年，2009 年，2004 年	地方財政統計年報　市町村別決算状況調

出所）筆者作成．

表 2-4　記述統計量

	平均値	標準偏差	最小値	最大値
課税所得額（対数）	18.06	0.57	16.43	19.13
労働費（対数）	11.55	1.38	2.83	15.15
商工費（対数）	13.62	0.88	10.75	15.72
道路・橋りょう費（対数）	13.99	0.67	12.41	15.42
人口（対数）	10.97	0.53	8.72	11.98
可住地面積（対数）	9.37	0.76	7.21	10.78
財政力指数	0.53	0.22	0.23	1.63

出所）筆者作成.

道路・橋りょう費，基礎自治体の人口，可住地面積については指標を対数化した上で分析をおこなった.

　以上の整理によって，分析に用いる変数の候補が揃った. 本分析において採用した変数は**表 2-3**，記述統計量は**表 2-4**のとおりである.

（2）実証分析

　前述の分析する変数の整理によってパネル分析に用いる変数が出揃った. 本データは，調査対象として抽出した 70 自治体別の複数時点にわたるパネルデータであり，パネル分析にあたっては，プーリング回帰モデル，固定効果モデル（Fixed Effect Model），変量効果モデル（Random Effect Model）の 3 つの推定方法により分析をおこなった（**表 2-5**）. また，これらの推定方法の有効性を明確にするために統計的検定を実施した.

　プーリング回帰モデルと固定効果モデルの 2 つの推定方法の有効性の比較についてはＦ検定を実施した. Ｆ検定は「個別主体毎のダミー変数の係数が全てゼロである（全て同じである）」という帰無仮説を検定するものであり，帰無仮説が棄却されればプーリング回帰モデルよりも固定効果モデルが望ましいと判断されることになる.

　また，変量効果モデルと固定効果モデルの 2 つの推定方法の有効性の比較については，ハウスマン検定（Hausman Specification Test）を用いておこなった. ハ

表 2-5　実証結果

	プーリング回帰モデル				固定効果モデル				変量効果モデル			
	係数	標準誤差	p値	判定	係数	標準誤差	p値	判定	係数	標準誤差	p値	判定
(定数)	6.437910	0.355268	0.000	***	17.64837	1.595634	0.000	***	13.097110	0.5358590	0.000	***
労働費（対数）	0.024424	0.011778	0.039		0.006282	0.003449	0.070		0.0014541	0.0070019	0.835	
商工費（対数）	-0.026685	0.022067	0.228		0.027612	0.011098	0.014	**	0.0448726	0.0211547	0.034	
道路・橋りょう費（対数）	0.134906	0.034229	0.000	***	0.013249	0.012316	0.283		0.0910581	0.0242089	0.000	***
人口（対数）	0.909987	0.034211	0.000	***	-0.057574	0.015462	0.000	***	0.1327095	0.0296265	0.000	***
可住地面積（対数）	-0.034225	0.025583	0.182		0.056479	0.166380	0.735		0.1652252	0.0461721	0.000	***
財政力指数	0.283541	0.067800	0.000	***	0.039289	0.014965	0.009	**	0.0994507	0.0309777	0.001	***
観測数	70				70				70			
Adjusted R-Square	0.8221											
within R square					0.1469				0.000			
between R square					0.0007				0.4742			
overall R square					0.0012				0.4615			
sigma_u					0.57675294				0.57675294			
sigma_e					0.0472108				0.0472108			
rho					0.99334416				0.99334416			
Wald chi square									88.15			

注1）従属変数　課税対象所得額（対数）.
注2）***：1％有意，**：5％有意.
出所）筆者作成.

表 2-6　推定方法の有効性に係る検定結果

プーリング回帰モデルと 固定効果モデルの比較			固定効果モデルと 変量効果モデルの比較			プーリング回帰モデルと 変量効果モデルの比較			採用する 推定方法
F 検定			Hausman 検定			Breusch-Pagan 検定			
F 値	P 値	判定	χ2 値	P 値	判定	χ2 値	P 値	判定	
5.86	0.0000	棄却	212.39	0.0000	棄却	20.17	0.0000	棄却	固定効果

出所）筆者作成.

ウスマン検定は,「変量効果モデルが望ましい」という帰無仮説の妥当性の確率を計算し, 棄却されれば固定効果モデルが採択され, 棄却されなければ変量効果モデルが妥当であると判断されることとなる.

　さらに, プーリング回帰モデル変量効果モデルの 2 つの推定方法の有効性の比較についてはブルーシュ・ペイガン検定（Breusch and Pagan Test）を実施した. ブルーシュ・ペイガン検定では,「変量効果モデルよりもプーリングモデルが正しい」という仮説を検証し, 仮説が棄却されれば変量効果モデルが望ましいと判断されることとなる. 以上を踏まえた結果は**表 2-6** のとおりである.

　まず F 検定により, プーリング回帰モデルではなく固定効果モデルによる推定が採択される. 次に, ハウスマン検定により, 固定効果モデルと変量効果モデルの比較をおこなったところ帰無仮説は棄却され, 固定効果モデルが採択される. 最後に, ブルーシュ・ペイガン検定により, プーリング回帰モデルではなく変量効果モデルが採択されることから, 本分析では固定効果モデルによる推定方法の方が有効であることが示された. 以上の結果から, 固定効果モデルによる分析結果にて考察をおこなっていくこととする.

　サンプル数の制約により, 自治体の固有性を勘案した固定効果モデルでは人口がマイナスになっているが, 本分析において注目した地域産業政策に直接関係する歳出項目では, 商工費が 5 ％水準で有意となっており, かつ符号が一致している.

　商工費は中小企業の経営力・技術力向上に資する対策費用や企業誘致, 消費流通対策といった項目に支出されるものであるが, 商工費の支出額の増加と地

域の成長の指標として採用した 1 人あたりの課税所得額には一定の相関はある
ものと推察される.

　また，労働費及び道路・橋りょう費については，有意な分析は得られなかっ
た．特に，道路・橋りょう費については，WWG のエビデンスレビューである
「交通インフラ」[10]においても，経済的に厳しい地域で交通インフラ支援（道路整
備，鉄道などの輸送インフラ支援）に多くの支出をおこなうという議論は，新しい
交通への投資が経済活動を刺激するための費用対効果の高い方法であるという
“希望” を拠りどころにしているが，その主張を支持する明確で決定的なエビ
デンスはないと分析しているが，実証結果からもその傾向は読み取れる.

　一方，商工費は実証結果から有意であるということが言えるものの，係数は
0.027612 と必ずしも大きなインパクトを有するとは言えない．このことから商
工費の財政的投資拡大の効果については，Moretti が主張するように，「地方政
府が果たせる役割は，ほとんどの有権者が思っているより，そしてほとんどの
首長が認めようとするより小さい［Moretti 2012: 213］」ことが読み取れる.

　以上，調査対象として抽出した地方自治体の複数時点にわたるパネルデータ
からは，地域産業政策への直接的な財政支出を通じた積極的な政策介入は，1
人当たり課税所得額の増加という地域の成長に係る指標を高めることに寄与す
る一方で，積極的な財政的な政策展開による地域の成長への金額的なインパク
トは限定的であることが整理された.

第 6 節　地域の成長のための積極行政の重要性

　地方創生の現場においては，持続的な地域の実現のための主要な政策として
地域の雇用と稼ぐ力を創出し，地域の成長を牽引する地域産業振興に人的・財
政的な資源を投下している現状にある．しかしながら，地域資源の蓄積がなさ
れており相応の競争環境を有している大都市圏はともかく，そもそも民間の競
争環境に乏しい大半の地域においては地域の内発的発展要素のみでは地域の成

長は難しく，内発的発展論等の先行研究において主張されていた内発的発展の
重要な要素の多くが，単独では実際の地域産業政策の成果としての地域の成
長・発展を必ずしも説明できていないことを前章において定量的に提示した．

　その上で本章では，NPM が注目されて以降産業政策の原則として前提とな
っている「民が主導，官は繋ぎ役」「地域産業振興に関する主体は主に民間であ
り，地域アクターの主体的な活動により効率的・効果的に政策が展開されるべ
き」という主張を理解しつつも，強い産業基盤が存在する大都市とは違い，人
口減少による担い手の減少が進む状況下で人的資源や不足する条件不利地域に
立地する中小規模の基礎自治体おいては，何故行政が積極的であるべきなのか，
実際に行政が積極的であると地域の活性化が進むのかという点について既存の
研究結果等を紹介しつつ，既存の統計情報などを活用して複数の視点から考察
をおこなった．

　内生的経済成長理論において主張されているような積極的な行政の政策介入
理論は地域産業政策における考え方としても受容されうるのか，という点につ
いては，1993 年のクリントン政権下におけるエンパワーメントゾーン・プロ
グラムなどを成功事例として Moretti が取り上げたことを紹介した．その成功
要因としては，政策実施の過程で生じた多くの外部性が結果として地域の企業
が対応してこなかった社会的課題に恩恵がもたらされたこと，政府が実施した
広範な支援が民間投資の呼び水になったこと，プログラムが概ね他の地区の雇
用創出を犠牲にすることなく新たな雇用を生み出したことなどが主張されてい
た．

　一方で，イノベーション産業を育み，厳しい経済環境から脱するために補助
金等のビックプッシュ戦略を推進しているものの，「ビッグ」な「プッシュ」を
継続すること自体が長続きしないこと，政策担当者が有望な企業を見極め予測
することは無理難題に等しいことを Moretti は主張している．

　つまり，地域産業政策に積極的に介入することへの重要性は認識しつつも，
行政が果たす事のできる役割は想定以上に小さく，積極行政を展開することに

ついて頑健なエビデンスを提示できていないことが整理された．なお，この点
については，WWG のエビデンス・レビューにおいても同様の分析がされてお
り，特定の地域に閉じた政策展開は，一定の政策効果自体は認められるものの，
その経済的便益が周辺にスピルオーバーしてしまうことや，政策展開によって
産業集積が起こった地域の近隣地域が犠牲になるといったように，極めて局所
的なイノベーション政策（広域を意識しない基礎自治体単位の政策展開）は，基礎自
治体周辺も含む地域に負の効果をもたらすことを指摘している[11]．

　工業立地動向調査における企業の立地地点選定理由の統計情報を活用し，企
業誘致などのプロセスと関係者の意識から積極行政の重要性を整理すると，企
業立地については事業のバリューチェーンを重視した行動をとる企業が多いこ
とが整理された．またその一方で，比率自体は減少傾向にあるとはいうものの，
相当数の企業が企業進出環境・条件の整備や行政側の積極姿勢・能動的な働き
かけを重視しているなど，民間企業側の意識においては依然として行政による
イニシアティブ発揮への強い期待が存在することが整理された．

　行政の信頼という視点では，住民の行政への不満は行政の機能不全の結果で
ある，としている．住民の行政サービスへの高い期待が，行政に過度な負荷
（オーバーロード）をかけることになり，結果として行政が住民の期待を超えるサ
ービスを提供できないことによって起こるとされている．そして，近年広く認
知されるようになった多様な主体と連携・協働するネットワークによるマネジ
メントの時代においても，依然として行政の役割は相応に大きく，行政のオー
バーロードは起こりうるため，行政は相応のイニシアチブを発揮することでオ
ーバーロードを回避し，住民の期待をコントロールすることが必要であると整
理された．

　また，内発的発展要素に乏しい条件不利地域における積極行政の成功事例と
して島根県海士町の事例を取り上げた．海士町の事例は産業政策の原則に従う
と踏み込みすぎている政策展開と言えるものの，企業等の自主的な活動に期待
していては成果が望めない地域において行政が積極的な政策介入を展開するこ

とを契機として自立的な経済活動をおこなう事業者の創出や誘引をもたらし，結果として地域の内発的な成長が誘導され，地域の成長が実現している事例として注目されうることが整理できた．

　そして最後に，既存の先行研究成果を踏まえて，前章において調査対象自治体とした 97 自治体の統計情報をもとにしたパネルデータをもとに，行政の地域産業政策への積極的な介入が地域の成長をもたらしているのかという仮説について定量分析を試みた．

　調査対象自治体別の複数時点にわたるパネルデータからは，商工費等の地域産業政策への直接的な財政支出を通じた積極的な政策介入は，1 人当たり課税所得額の増加という地域の成長に係る指標を高めることには寄与することが整理されたものの，積極的な財政の展開による政策を推進しても地域の成長へのインパクトは限定的であることが整理された．

　以上を踏まえると，行政による政策介入の積極性と地域の成長については以下の 3 点に整理しうる．

　第 1 に，自由競争を前提とする産業政策の原則は理解しつつも，積極行政が結果としてその後の民間の主体的な経済活動を誘発し自立的な地域の成長が実現しうる，という点である．

　河藤が，自由競争を前提とした市場メカニズムが健全に機能し，企業が自主的に事業活動を展開できるよう，国や自治体，またはそれに準ずる公的主体が一定の限度において規制や支援策を講じることが産業政策の原則 ［河藤 2015：7］と指摘しているように，一般論として地域産業振興においては，民が主導・官は繋ぎ役であり，地域アクターの主体的な活動により効率的・効果的に政策が展開されるべきという考え方に異論はない．

　しかし，企業等の自主的な活動に期待していては成果が望めない条件不利地域においては民間が活動する基盤が整備されていない状況が存在することから，行政がネットワークの設計段階から積極的に介入することが必要である．そしてこの積極行政が結果としてその後の民間の主体的な経済活動を誘発し自立的

な地域の成長が実現しうるといえよう.

第2に, 条件不利地域においては積極行政が結果としてその後の民間の主体的な経済活動を誘発し自立的な地域の成長が実現しうるとはいうものの, 費用対効果を考えるとその効果は期待されるほどは大きくはないという点である.

先行研究における積極行政による地域の成長が実現した事例では, 政策実施の過程で生じた多くの外部性が結果として社会的課題の解決に貢献したこと, 政府が選択と集中をせずに分け隔てなく支援をしたこと, 周辺地域を犠牲にすることなく政策が実施されたことなどを成功要因としてあげており, 積極行政に一定の効果があることを示している.

一方で, 補助金等によるビックプッシュ戦略は長続きしないこと, 政策担当者が有望な企業を見極めることは無理難題に等しいこともあり, その推進は実態としては極めて困難を伴うことが整理された. また, 分析対象自治体のパネルデータによる定量分析結果からは, 積極行政の効果は一定程度説明できるものの, その影響度は想定するよりも小さいと考えられる.

第3に, 様々な困難は伴うものの, 地域の成長の実現に向けて行政が積極的なイニシアチブを発揮することへの期待は大きいという点である. これは企業の立地選択における意識において強く現れているだけでなく, 行政の信頼という視点から見ても依然として住民の側の行政に対する期待は高いことがわかる.

自治体がネットワークづくりの中心となっていた従前の状況から, ガバナンスに注目が集まり公共サービスを担う多様な主体の存在に気づき始めた今日的状況においても, 依然としてネットワークの中における政府部門の役割の相対的な大きさは続くことが整理された.

以上, 条件不利地域の活性化・地域の成長実現のためには, 行政による積極的な政策介入の必要があるという点が整理できたのではないかと考える. 一方で, いくつかの課題も存在する.

第1に, 内発的発展要素に乏しい条件不利地域において, 行政が産業政策領域に財政的な資源投入を積極的に進めている地域は成長をしているという仮説

を設定してパネル分析をおこなったが，抽出したデータが十分であったかどうかについては更なる検討が必要であるという点である．

　今回は，地域産業政策領域に直接的に影響のある歳出項目に限定して統計情報を抽出したが，基礎自治体の統計情報の量自体に大きな制約があったこともあり，適切なデータを抽出し切れていたかという点については更なる検討が必要である．英国WWGでは，ABIやブロードバンド整備，職業訓練，イノベーション，交通インフラ整備といった直接的な産業政策の他に公共空間の整備（公園整備，街の美化），住宅ストック再生，文化・スポーツ政策など産業分野に間接的に影響を与えるような多様な領域の政策について，地域の経済成長への影響を研究しエビデンスの提示をおこなっている．

　WWGのレビューでは，今のところ「政府の介入によって快適で機能的な公共空間を作り出すことによる居住者の生活環境改善が地域経済により広い利益をもたらすのか」という点について頑健なエビデンスを提示するに至っていない．とはいえ，WWGの取り組みのように，より広い視点でのエビデンスの分析・整理は必要であると考える．

　第2に，産業政策を基礎自治体という枠組みを超えた広域的な影響を勘案して検討すべきという点である．先行研究においても，より局所化されたイノベーション政策が地域の経済成長を推進するのに果たす役割には注意が必要としているように，特定の基礎自治体が実施する局所的な産業政策の経済的便益の多くが周辺地域にスピルオーバーしてしまい，当該地域にプラスの影響をもたらさないケースや，反対に近隣地域を犠牲にして当該地域に便益をもたらすような政策になってしまい，広域での効果は少ないまたは全くないというケースも少なくないと想定される．

　今回は金本・徳岡［2002］の都市雇用圏における小規模雇用圏の中心都市に立地する地方自治体を分析対象として抽出したが，広域での影響を踏まえると，小規模雇用圏の中心都市及び郊外都市も対象として分析することも必要であると考えられる．これについては今後の課題であると認識している．

　以上のような課題はあるものの，条件不利地域における活性化・地域の成長の実現には，行政が積極的である必要があるという点は一定程度整理された．しかし，自治体のおかれている条件は一様ではないことから，本来，地域における取り組みはより多面的かつ長期的な視点で継続的に検証されるべきものと考える．今後とも継続的に効果分析・検証を進めていくことが求められる．

注
1 ）What works centre for local economic growth ［2016］Area Based Initiatives, What Works Centre for Local Economic Growth（https://whatworksgrowth.org/policy-reviews/area-based-initiatives/, 2021 年 4 月 18 日閲覧）.

2 ）What works centre for local economic growth ［2015］Innovation, What Works Centre for Local Economic Growth（https://whatworksgrowth.org/policy-reviews/innovation/, 2021 年 4 月 18 日閲覧）.

3 ）工業立地動向調査における地域別調査は「都道府県別」であり市町村別ではない．詳細は経済産業省［2020］『工業立地動向調査』（https://www.meti.go.jp/statistics/tii/ritti/index.html, 2020 年 4 月 30 日閲覧）参照.

4 ）経済産業省が 2017 年度より実施している制度．地域経済への影響力が大きく成長性が見込まれるとともに，地域経済のバリューチェーンの中心的な担い手および担い手候補である企業を「地域未来牽引企業」として選定している．詳細は経済産業省ホームページ（https://www.meti.go.jp/policy/sme_chiiki/chiiki_kenin_kigyou/index.html, 2020 年 5 月 3 日閲覧）参照.

5 ）三菱総合研究所［2019］『平成 30 年度地域経済産業活性化対策等調査・分析報告書 既存の工業団地，遊休地等を含めた産業用地の動向分析及び工場適地調査の活用可能性に関する調査等事業』，経済産業省ホームページ（https://www.meti.go.jp/meti_lib/report/H30FY/000337.pdf, 2020 年 5 月 1 日閲覧）.

6 ）国土交通省近畿経済産業局［2009］『平成 20 年度広域ブロック自立施策等推進調査 大阪湾ベイエリアの活性化方策に関する調査報告書～大阪湾ベイエリアを核とした近畿の活性化に向けて～』（http://www.mlit.go.jp/kokudoseisaku/kokudokeikaku_tk5_000038.html, 2020 年 5 月 3 日閲覧）.

7 ）海士町［2019］『2018 海士町勢要覧資料編』（http://www.town.ama.shimane.jp/about/pdf/【最新】資 2018 町勢要覧（H30_05 現在）.pdf, 2020 年 5 月 5 日閲覧）.

8 ）海士町［2020］『海士町エンジン全開計画《第二期海士町創生総合戦略・人口ビジョン》』（http://www.town.ama.shimane.jp/topics/66874203609fcb89f5f92b15252c317e6c92

　　370b.pdf, 2020 年 5 月 5 日閲覧）.

9 ）セル・アライブ・システム（Cells Alive System）の略. 凍結融解時のドリップ流出
　　等に起因する食味低下を低減させる過冷却現象を利用した冷凍技術.

10）What Works Centre for local economic growth（2015）Transport, What Works Centre
　　for Local Economic Growth （https://whatworksgrowth.org/policy-reviews/
　　transport/, 2020 年 7 月 4 日閲覧）.

11）What Works Centre for Local Economic Growth（2018）Developing an effective local
　　industrial strategy, What Works Centre for Local Economic Growth （https://
　　whatworksgrowth.org/public/files/18-06-21_Designing_Effective_Local_Industrial_
　　Strategies.pdf, 2019 年 8 月 18 日閲覧）.

第3章

外部登用人材が実際に果たした役割

は じ め に

　前章までの考察で，条件不利地域に立地する基礎自治体においては地域の内発的発展要素のみでは地域の成長は難しく，内発的発展論等の先行研究において主張されていた内発的発展の重要な要素の多くが，単独では実際の地域産業政策の成果としての地域の成長を必ずしも説明できていないことが示された．

　また，積極行政が結果としてその後の民間の主体的な経済活動を誘発し自立的な地域の成長が実現しうることについては，頑健なエビデンスの提示はできなかったものの，実態として企業側における行政の積極的なイニシアチブ発揮への期待は大きいものと推察されることが明らかになった．

　本章では，政策展開において行政幹部が果たすべきリーダーシップ・役割・機能について，既存の研究結果により整理する．その上で，条件不利地域に立地する基礎自治体において外部登用された行政幹部人材が，地域産業政策の領域における活動において果たした役割・機能について，そして政策形成のネットワークにおける行政の役割と能力について，調査対象とした基礎自治体へのアンケート調査の分析を通じて明らかにしたい．

第1節　ネットワーク設計・管理の視点から見た行政幹部の役割

　近年，住民ニーズが多様化する中で政府と多様な民間や地域等のアクターとが連携・協働するガバナンスの考え方が広がっているが，地域産業政策の領域においてもネットワークの重要性が主張されている状況にある．

　真山は，ガバナンスの概念を，公共空間に存在する諸問題の解決に向けて，政府，企業，NPO，NGO 等のネットワークを構築し，それを維持・管理する活動［真山 2002：100］としているが，地域産業の内発的発展の枠組みは，行政，企業，イノベーションを主導する企業家，住民，地域内外のバリューチェーンを担う主体などのネットワークの仕組みで成り立っており，地域産業政策はネットワーク・ガバナンスの設計・管理が極めて重要なポイントである．

　真山［2011］は，ネットワークの設計・管理において行政が留意すべき点として，(1) 解決すべき問題の明確化と明確な目標が必須であり，行政は，問題発見と問題分析の手法を開発し組織に定着させることが重要課題であること，(2) 参加が想定されるアクターの目的意識や行動原理（特性）を十分理解した上でネットワークを設計することが必要であること，(3) ネットワークのアクターの多くが合意形成に関与できる（合意調達の対象にならないような）合意形成メカニズムの設定が望ましいこと，(4) ネットワークに何らかの障害が発生したときにそれを除去するための管理ツールとそのツールを使いこなす管理者の資質・能力（リーダーシップや権威を含む）が必要であること，(5)（特にネットワークの外部に対する）アカウンタビリティの確保とネットワークの活動の結果を適切に評価するシステムの構築が必要であること，(6) ネットワークの構造と機能の公式化によりネットワーク自体の正当性を確保することが望ましいことをあげている．

　Goldsmith and Eggers［2004］は，ネットワーク型のガバナンスモデルにおいては公共的価値を生かすための資源調整が政府幹部のコアとなる責任であり，

ネットワークの設計・管理が重要であること，ネットワークによるアプローチがうまくいくかどうかは当初の設計に依存する場合が多いこと，ネットワークがよく設計されていれば，政府が政策上・運営上の最終的な目的地にたどり着くうえでよい助けとなる，と述べている．

　また，ネットワークによるガバナンスの鍵となる原則として，重要な公共的価値を決めること，歴史的なプロセスという狭いレンズを通して課題や解答を決定してはいけない（既存の枠組みに捉われない），望んでいる成果に合わせてネットワークを形成する，を提示している．

　そして，ネットワークの設計と管理の要素として，（1）達成すべきミッションと目標を定め，正しい戦略をたてること，（2）立ち上げ時にミッションをより良く実行するために必要な資源（お金，アイディアと話術，複数の団体を集める能力，人と技術（という資源）を追加，公式の権威）を収集し統合すること，（3）正しいパートナー（文化的な相性，運営能力，地域の繋がりの深さや正統性）を選ぶこと，（4）正しいネットワークの仕組みを決定すること，（5）誰が（行政，主契約業社，第三者）どのようにネットワークをまとめるべきか（コミュニケーションチャネルの構築，知識の共有とメンバー間の信頼・連携，ネットワークのパートナー間の異なる文化的隔たりの調整）を決めること，（6）ネットワークの責任の枠組み（目標設定，価値観の調整と信頼の醸成，成果とインセンティブの設計・リスクの共有，パフォーマンスの測定と監視，変化の管理，外部との関係を管理）を構築すること，以上の6つの点をあげている．

　そして，これらのネットワーク運営において必要な能力として，大局的な視野，コーチング・仲裁・交渉力，リスク分析能力，契約管理，通常起こり得ないような課題を解決する能力，戦略的思考，対人コミュニケーション，プロジェクト管理・業務管理，チームづくりをあげており，ネットワーク運営に必要な能力は各立場で異なるとしている．ネットワーク運営に必要な能力を踏まえると，ネットワーク設計の前提となるミッション・戦略の方向性は政治家である首長の役割であり，ネットワークの設計においては上級幹部およびCIO（最

高情報責任者）の役割，ネットワークの管理は管理者，一般職員，調達責任者の
役割であるといえる．

第 2 節　米国におけるシティマネージャーの役割

（1）米国におけるシティマネージャーの役割変化

　米国の地方自治制度は多様であり，市支配人制は二元代表制である日本の地
方自治のあり方と大きく異なる制度である．しかし，近年米国においても，市
支配人制と首長 – 議会制が融合した自治体運営のあり方が一般的となり，シテ
ィマネージャーや CAO（Chief Administrative Officer）といった外部専門家が行政
運営を担っている状況が見られる．

　よって，シティマネージャーを「政治的リーダーシップが求められる分野に
対して高い専門性を背景として責任と権限を発揮し首長を補佐する特別職」と
いう視点でとらえると，二元代表制である日本の「首長 – 議会制」の自治体組
織においても米国のシティマネージャーのリーダーシップのあり方や果たして
いる役割は参考になりうると考える．以上の点を踏まえて，本節では，米国に
おける都市構造とシティマネージャーの役割の変化に関する先行研究から，外
部登用幹部の果たす役割について整理をおこなう．

　米国における市支配人制のモデルは，政治参加の平等を約束する民主政治と
行政権の集中・強化を通じての能率的行政を基本的理念としていた．その後，
行政における科学的管理法思想の影響を受け，中立的行政官として能率的かつ
経済的な行政を実現する都市行政の専門家というマネージャー職概念が確立し
た［平田 2001：208-209］．

　市支配人制においては，法律と政策を作る公選制による議会と官僚制を指導
し政策実施のために議会が指名した専門職であるシティマネージャーの役割に
は明確な区別があり，政治と行政の関係は政治行政分断論を前提としていた
［千草 2009］．そしてこの市支配人制における政治（議会）と行政（シティマネージ

ャー）の関係おいて研究をおこなったのが Svara である．

　Svara は政府活動を Mission（使命），Policy（政策），Administration（行政管理），Management（目標管理）の４つのカテゴリーに分けて議会（政治）とシティマネージャー（行政）の役割を述べている．

　まず Mission（使命）において，議会（政治）の役割は目的，サービスの範囲，税率，憲法に規定された問題の決定を担い，シティマネージャー（行政）の役割は自治体が実施すべき政策の影響について助言や状況・傾向について分析することである．

　Policy（政策）において議会は，条例・政策や事業を承認することであり，シティマネージャーは全ての決定事項について勧告をし，予算の策定や配分の決定をすることである．

　Administration（行政管理）において議会は，決定されたことを執行すること，場所の選択，苦情の処理，行政を管理することであり，シティマネージャーは実務処理や手続きの遂行や政策を執行するための各種決定をおこなうことである．

　そして Management（目標管理）においては，議会はシティマネージャーに管理の修正・変更を示唆し，シティマネージャーの評価の内，組織のパフォーマンス評価をおこない，シティマネージャーは政策と行政をサポートするためのヒト・モノ・情報などの管理をおこなうこととしている．

　Svara は，都市の統制を担うシティマネージャーと公選職である議会などのあり方の変化によって，市支配人制における政治的統制の手法には多様な類型が存在すること，公選職である議会と市支配人の双方が４つのカテゴリーの政府活動に関与している（政策の領域に行政が入ってきている），と主張している．

　なお，この点について Zhang and Feiock［2009］は，Svara は公選職とシティマネージャーの双方が４つのカテゴリーに関与していると主張しているが，実際には，公選職の者は地方政府の Mission（使命）策定において支配的であり（主要な役割を担っており），その政策領域においてシティマネージャーは，公選職

と管理者との広範な権力の分担がある間は行政管理と目標管理を担う必要があるとしている［Zhang and Feiock 2009: 462］.

　また，Svara［2006］は，その後の研究において，公選職とシティマネージャーは政策形成における相互依存関係を有し，両者が共同して安定したガバナンスを追求するという政治と行政の補完性に関するモデルを提示している.

　Svara は，補完性モデルについて，公選職と行政官であるシティマネージャーとの間の相互関係を，機能の分離と従属という視点ではなく，関係を補完的なものと見做すことによってよく理解ができること，補完性モデルでは，シティマネージャーは公選職のコントロールを受け入れるとともに，公選職はシティマネージャーが政策形成と執行に関与することを尊重するという役割をもって相互依存すること，公選職とシティマネージャーとの間には相互依存と相互影響の関係があるため Policy（政策）と Administration（行政管理）において重複する役割を担うことを主張している.

　都市政府形態論の研究者である Frederickson［2003］は，都市は社会や環境の変化を受けて漸進的な構造的変化をしていると主張している.

　米国においては，輻輳した行政課題に対応する過程において，従来では儀礼的な位置づけであった市長の政治的リーダーシップ強化が志向され，市長－議会制という二元代表制を基礎とする自治体組織に市支配人制の特徴を融合させたモデルが登場した.

　米国のリフォーム政治の流れの中で，弱市長制が主流であった市長－議会制は市長の権限強化に向かったが，一方で，強市長制の進展は市長権限の過度な強化や行政管理が非効率になるといった課題があった［田中 2008］.

　また，市支配人制においても，輻輳した行政課題への対応の中で，シティマネージャーが議会と対峙し，コミュニティの調整をする役割を担うなど，本来中立的行政官という位置づけであったシティマネージャーが政治に介入せざるを得ない状況に置かれていく中で，より強力な政治的リーダーシップ発揮の必要性が求められてくるようになった［平田 2001］. このような中で，市支配人制

では市長の直接選挙の実施や市長の権限強化がなされるなど，市長 - 議会制の
特徴を取り入れた市支配人制との融合型モデルを採用する自治体が増加してい
った．

　一方，市長 - 議会制においても，1950 年代以降，市長が CAO を導入し，主
要な行政運営を CAO に委ねる市長 - 議会制との融合型モデルが増加していっ
た．そして，1980 年代になると，ふたつの融合モデルが深く融合した完全融合
型モデル（The Conciliated City）が現れるようになり，採用する自治体が増加し
ている［Frederickson 2003］．

　フレデリクソンによると，現在の米国では，純粋な市長 - 議会制や市支配人
制は少なく，その多くがが融合型モデル（Adapted City）に分類されるとしてい
る．そして，市支配人制の融合型モデルと市長 - 議会制の融合型モデル（The
Adapted Political City）が深く融合した完全融合型モデルが，1980 年以降増加傾
向にあるとしている．

（2）市支配人制におけるシティマネージャーのリーダーシップ

　シティマネージャーの役割の大きさは，都市の大きさが影響していると考え
られている．Yates［1977］は，大都市においては政策形成の参加者が急増して
おり，大都市のコミュニティ内およびコミュニティ間のコンフリクトが拡大す
る中で，政策課題の解決に対する行政への期待が高まり，課題に対処しなけれ
ばならないという極めて大きな圧力が市長にかかっていると述べている．

　また，Morgan and Watson［1992］の研究では，大都市では政府形態に関わ
らず市長がリーダーシップを発揮することが必要とされているのに対し，小都
市では市長とシティマネージャーの間の役割には多様な関係が見られるなど，
政策決定においてシティマネージャーが相応の役割を果たすという点を指摘し
ている．

　Zhang and Yang［2008］は，状況を改善するために専門家の助けを求めるこ
とに敏感である経済的に苦しんでいる地域におけるシティマネージャーは，地

域で尊敬と自主性を獲得する可能性が高いとしている.

　加えて，Zhang and Feiock［2009］は，市支配人制を採用する都市における都市の大きさとシティマネージャーの果たす役割の大きさについて，大都市では政策決定を主導する可能性は低い一方で，小規模都市では政策決定を主導する傾向にあるとしている.

　また，自治体の財政状況とシティマネージャーの果たす役割の大きさについて，富裕度が高い都市は，政策立案において首長の政治的リーダーシップに依存する可能性が高くなり，富裕度の低い都市ほど，シティマネージャーの専門知識をより活用する可能性が高くなると主張している［Zhang and Feiock 2009］.

第3節　外部登用された自治体幹部の果たした役割に関する実証分析

　先行研究では，（1）住民ニーズが多様化し，より多くの選択肢を求める状況下で政府アクターと多様な民間や地域等のアクターとの連携・協働によるガバナンスの考え方が広がっていること，（2）地域産業の内発的発展の枠組みは，行政，企業，イノベーションを主導する企業家，住民，地域内外のバリューチェーンを担う主体などのネットワークの仕組みで成り立っており，地域産業政策はネットワーク・ガバナンスの設計・管理が極めて重要なポイントであること，（3）ネットワーク型のガバナンスモデルにおいては，公共的価値を生かすための資源調整が政府幹部のコアとなる責任であり，ネットワークによるアプローチがうまくいくかどうかは当初の設計に依存する場合が多いこと，（4）ネットワークの設計および運営（管理）に必要な能力を踏まえるとネットワーク設計の前提となるミッション・戦略の方向性は政治家である首長の役割であり，ネットワークの設計は上級幹部およびCIO（最高情報責任者）の役割であることなどが整理された.

　また，日本の地方自治のあり方と大きく異なるものの外部登用の行政幹部で

あるシティマネージャーがリーダーシップを発揮している米国の地方自治制度から行政幹部の果たしている役割を整理すると，(1) 都市の統制を担うシティマネージャーや公選職である議会などのあり方の変化によって市支配人制における政治的統制の手法には多様な類型が存在すること，(2) 公選職とシティマネージャーとの間には相互依存と相互影響の関係があり，政策形成過程においては重複する役割を担うことなどが整理された．

　シティマネージャーの役割の大きさは都市の大きさが影響していると考えられ，(1) 大都市では市長がリーダーシップを発揮することが必要とされているのに対し，小都市ではシティマネージャーが相応の役割を果たすこと，(2) 富裕度が高い都市は，政策立案において首長の政治的リーダーシップに依存する可能性が高くなり，富裕度の低い都市ほど，シティマネージャーの専門知識をより活用する可能性が高くなることなどが整理された．

　以上の先行研究を踏まえた問題意識は，「日本の外部登用された行政幹部の果たす役割は米国においてシティマネージャーが果たしている役割と同様に大きく，相応の役割と責任を期待され，リーダーシップを発揮しているのではないか」という点である．

　既存の研究成果からは，米国においては小規模な都市や経済的に厳しい環境にある都市はシティマネージャー（日本では副首長および行政側の幹部職員がこの立ち位置に近いと想定される）がリーダーシップを発揮し政策決定を主導する可能性が高いことが整理されている．

　米国の市支配人制と日本の強市長型の二元代表制では制度的な枠組みが大きく異なるものの，地方創生人材支援制度を活用し自治体幹部として派遣・登用された外部人材に期待されていた役割や実際の活動からは，リーダーシップの発揮についての高い期待と実際の役割や責任の大きさは高いことが示されている［丸山 2018］．よって，相応の専門的能力等が期待されるネットワークの設計・管理，特にネットワーク設計の領域においては，米国と同様に日本においても外部登用された行政幹部職員のリーダーシップ発揮という役割発揮に対す

る住民や企業側の期待は大きく，米国における既存の研究成果の日本への受容性も相応に認められるのではないかと想定される．

　前章までの考察では，(1) 民間の競争環境に乏しい企業等の自主的な活動に期待していては成果が望めない条件不利地域においては，地域の内発的発展要素のみでは地域の成長は難しく，内発的発展論等の先行研究において主張されていた内発的発展の重要な要素の多くが単独では実際の地域産業政策の成果としての地域の成長・発展を必ずしも説明できていないこと，(2) 一方で地域外資源の導入，特に行政内でリーダーシップを発揮する外部人材の登用は，地域の成長・発展を誘発するということが整理されている．

　また，条件不利地域においては行政がネットワークの設計段階から積極的に介入することが必要であり，積極行政が結果としてその後の民間の主体的な経済活動を誘発し自立的な地域の成長が実現しうることについては計量的な分析による頑健なエビデンスの提示には疑義が残ったものの，実態として企業側における行政の積極的なイニシアチブ発揮への期待は大きいものと推察されることが明らかになった．

　これらの先行研究の成果を踏まえると，日本において自治体幹部として登用されている外部人材の期待役割は，米国においてシティマネージャーが発揮するリーダーシップと同様に相応に高いのではないかと考える．一方で，実際に行政幹部として登用された外部人材がどのような役割を果たしたのか，そして行政側は外部人材を受け入れるにあたりどのような役割を期待したのかといった，実際に登用された外部人材の果たした役割についての研究は十分尽くされているとは言えない．

　以上を踏まえ，本分析では，「条件不利地域に立地する基礎自治体においては，行政組織の外部から登用された行政幹部がネットワーク・ガバナンスの設計に主導的な役割を果たしている」という仮説を設定する．具体的には，「条件不利地域においては，行政が積極的にイニシアチブを発揮してネットワークの設計を主導することが必要であるが，これらの能力は行政内部で確保することが

難しく，専門的知見や経験を有する外部人材を行政幹部として登用しネットワークの設計を主導することを契機として地域の成長・発展を誘発させることができれば，結果として地域の成長が実現する」という仮説を設定し，条件不利地域における外部登用行政幹部の果たした役割について，対象自治体へのアンケート調査結果をもとに考察を試みる．

（1）分析のアプローチ

　本分析では，条件不利地域において地域産業政策の重点課題および外部登用した行政幹部人材が実際に果たした役割を把握するために，対象となる基礎自治体へのアンケート調査を実施した．調査にあたっては，本章の分析項目の他，次章で考察する分析項目も併せて質問表を作成し，書面による回答を得た．なお，アンケート調査の概要は以下のとおりである．

（2）調査対象自治体

　本分析は条件不利地域を研究の対象としている．よって，本分析の調査対象となる基礎自治体は，第1章の定量分析において研究対象とした金本・徳岡 [2002] の都市雇用圏のうち小都市雇用圏の中心都市 97 自治体を分析対象として抽出した．

（3）アンケート回答率

　アンケート調査対象自治体 97 のうち有効回答は 43 件[1]，回答率は 44.3％であった．なお，アンケート調査に回答した部署は，総務部門 58.1％，企画部門 23.3％，産業部門 18.6％であった．

（4）アンケート調査の設問項目

　アンケート調査の設問項目は，図 3-1 の様な構成とした．設問項目は大きく「基礎情報」のほか「地域経済の状況および政策展開の状況を整理する設問」，

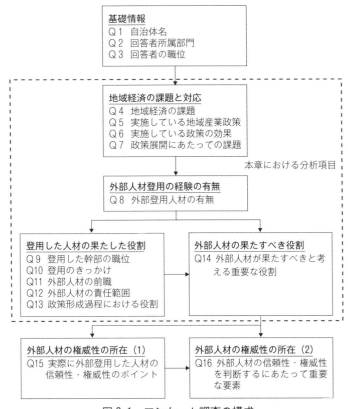

図 3-1　アンケート調査の構成

出所）筆者作成.

「実際に行政幹部として登用した外部人材の果たした役割を整理する設問」，
「外部登用人材が果たすべきであると考える役割に関する設問」，「外部人材の
権威性の所在に関する設問」の 4 つに分かれている.

　本章では地域産業政策の重点課題および外部登用した行政幹部人材が実際に
果たした役割を把握することを目的としているため，アンケート調査項目のう
ち「基礎情報のほか地域経済の状況および政策展開の状況を整理する設問」，
「実際に行政幹部として登用した外部人材の果たした役割を整理する設問」，

「外部登用人材が果たすべきであると考える役割に関する設問」の 3 つについて分析及び考察をおこなった.

（5）本分析における主要概念

　ここでは，本章での分析にあたっての主要な概念を整理しておきたい．まず，本分析で検討する地域産業政策とは，第 1 章と同様に，地域の経済基盤を確立・維持・発展させることを目的とした基礎自治体が実施する政策であり，主に産業振興政策，中小企業支援策，都市再開発・地域開発であると定義する.

　次に，地域産業政策の成果としての地域の成長・発展についてであるが，これも第 1 章と同様に，地域の発展を示す指標である住民の生活の質の要素が，住民が満足するレベルの行政サービスが維持できる程度の安定的な歳入の獲得により基礎自治体の持続性が確保されることにより実現するものと考えると，所得水準を基礎にした統計情報で説明しうるため，本分析においては人口 1 人当たり課税対象所得額を地域の成長・発展の成果指標として定義する.

　そして，外部登用の行政幹部の範囲であるが，一般的には相応の意思決定権限をもつ副首長，部長相当職，課長相当職以上のライン職を指すものである．しかし，地方創生人材支援制度などの日本の既存の外部人材登用の制度を踏まえると，参与，顧問等の首長直轄のスタッフ職についても，首長を通じて間接的ではあるが大きな影響力を行使しうると想定される.

　したがって，本分析においては，外部登用の行政幹部の範囲を副首長，部長相当職，課長相当職以上のライン職および首長の補佐役として相応の影響力を行使しうる参与，顧問等の首長直轄のスタッフ職と定義する.

（6）分析の視点

　本分析は，条件不利地域に立地する中小規模の基礎自治体において外部登用された行政幹部によるネットワーク・ガバナンスの設計における役割について考察するものである．分析にあたっては，真山 [2011] が主張するネットワーク

の設計・管理における6つの要素をネットワークの設計・管理プロセスと定義し，このプロセスにおいて外部登用の行政幹部がどのような役割を果たしたのかについて分析を試みる．

　具体的には，真山がネットワークの設計において行政が留意すべき点としてあげている（1）解決すべき問題の明確化と明確な目標の設定，（2）参加が想定されるアクターの目的意識や行動原理（特性）の十分な理解，（3）ネットワークのアクターの多くが合意形成に関与できるメカニズムの設定，（4）ネットワークに何らかの障害が発生したときにそれを除去するための管理の仕組みの整備，（5）（特にネットワークの外部に対する）アカウンタビリティの確保とネットワークの活動の結果を適切に評価するシステムの構築，（6）ネットワークの構造と機能の公式化によるネットワーク自体の正当性の確保，の6つの要素を地域産業政策におけるネットワークの設計プロセスとした上で，これらのプロセスを進めていくにあたって外部登用の幹部がどのような役割を果たすことを期待されたのか，実際にそのプロセスにおいて主導的な役割を果たしたのか，どのような役割を果たすべきであるのかについて，調査対象自治体に対して実施したアンケート調査結果をもとに整理・分析をおこなった．

第4節　分析結果

（1）地域経済の現状と政策展開における課題

　まず，対象とした基礎自治体の地域経済の課題と産業政策の展開について整理をおこなう．全体（n = 43）では，地域経済の課題として多かった項目は「中心市街地の衰退」（35，29.2%）であり，次いで「地元を担う産業人材の減少・流出」（34，28.3%）「地場の基幹産業の衰退」（17，14.2%）の順となっている．

　また，人口規模別でみると，人口5万人未満の自治体（n = 17）は，「中心市街地の衰退」（14，28.6%）が最も多く，次いで「地元を担う産業人材の減少・流出」（12，24.5%）「地場の基幹産業の衰退」（10，20.4%）の順となっており，全体

と同じ傾向にある．一方，人口 5 万人以上の自治体（n = 26）は，「地元を担う産業人材の減少・流出」（22，31.0％）の回答が最も多く，次いで「中心市街地の衰退」（21，29.6％）「地域経済の新陳代謝を促すような産業創出・イノベーションの実現」（10，14.1％）の順となっている．

　図 3-2 のような地域産業の課題を踏まえて展開している地域産業振興のための政策について，整理したものが表 3-1 である．全体（n = 43）では，最も重要度が高い政策は「既存の基幹産業を対象とした産業振興策の実施」であり第 2 順位が「企業誘致の実施」，第 3 順位が「起業・創業支援策の拡充」となっている．

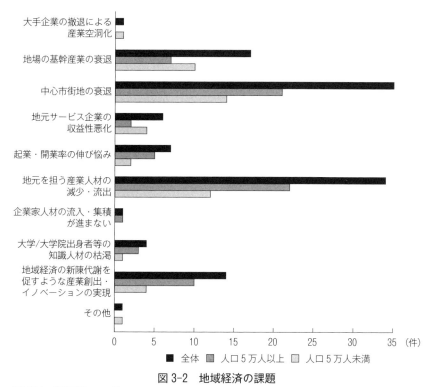

図 3-2　地域経済の課題

注）問 4．複数回答　n = 43.
出所）アンケート調査を基に筆者作成.

表3-1　実施している地域産業に関する取り組み

	全体 (n＝43)			人口5万人以上 (n＝26)			人口5万人未満 (n＝17)		
	第1順位	第2順位	第3順位	第1順位	第2順位	第3順位	第1順位	第2順位	第3順位
1. 既存の基幹産業を対象とした産業振興策の実施	17 39.5%	7 16.3%	3 7.3%	9 34.6%	4 15.4%	2 7.7%	8 47.1%	3 17.6%	1 6.7%
2. 企業誘致の実施	13 30.2%	14 32.6%	6 14.6%	10 38.5%	7 26.9%	3 11.5%	3 17.6%	7 41.2%	3 20.0%
3. 地元サービス産業の生産性向上につながる政策の実施	0 0.0%	1 2.3%	5 12.2%	0 0.0%	1 3.8%	2 7.7%	0 0.0%	0 0.0%	3 20.0%
4. 中心市街地の活性化	7 16.3%	10 23.3%	8 19.5%	4 15.4%	8 30.8%	5 19.2%	3 17.6%	2 11.8%	3 20.0%
5. 起業・創業支援策の拡充	3 7.0%	6 14.0%	14 34.1%	2 7.7%	4 15.4%	10 38.5%	1 5.9%	2 11.8%	4 26.7%
6. 地元企業の事業多角化・新規事業領域への進出支援策の実施	0 0.0%	2 4.7%	2 4.9%	0 0.0%	0 0.0%	1 3.8%	0 0.0%	2 11.8%	1 6.7%
7. 大学／研究機関・施設の誘致または連携の強化	0 0.0%	2 4.7%	3 7.3%	0 0.0%	1 3.8%	3 11.5%	0 0.0%	1 5.9%	0 0.0%
8. 教育環境の充実等による知識人材誘致の強化	0 0.0%	0 0.0%	0 0.0%	0 0.0%	0 0.0%	0 0.0%	0 0.0%	0 0.0%	0 0.0%
9. 地域経済の新陳代謝を促す取り組み（転業・廃業支援）の強化	0 0.0%	1 2.3%	0 0.0%	0 0.0%	1 3.8%	0 0.0%	0 0.0%	0 0.0%	0 0.0%
10. その他	3 7.0%	0 0.0%	0 0.0%	1 3.8%	0 0.0%	0 0.0%	2 11.8%	0 0.0%	0 0.0%

注）重要度の高いものから3つまで。
出所）アンケート調査を基に筆者作成。

　また，人口規模別でみると，人口 5 万人未満の自治体 (n = 17) において最も重要度が高い政策は「既存の基幹産業を対象とした産業振興策の実施」であり，第 2 順位が企業誘致の実施」，第 3 順位が「起業・創業支援策の拡充」となっており，全体の傾向と同じであるが，人口 5 万人以上の自治体 (n = 26) は，最も重要度が高い政策は「企業誘致の実施」であり第 2 順位が「中心市街地の活性化」，第 3 順位が「起業・創業支援策の拡充」となっている．

　自治体の重点政策の傾向を分析するために，実施している地域産業に関する取り組みについての回答を，最も重要度が高い取り組みを 3 点，第 2 順位の政策を 2 点，第 3 順位の政策を 1 点とする連続変数に変換した上で，地域産業政策の重点度合いを整理したものが図 3-3 である．全体では，最も点数が高い政策は「企業誘致の実施」であり，次いで「既存の基幹産業を対象とした産業振興策の実施」，「中心市街地の活性化」，「起業・創業支援策の拡充」の順となっている．

　また，人口規模別でみると，人口 5 万人未満の自治体 (n = 17) では，最も点数が高い政策が「既存の基幹産業を対象とした産業振興策の実施」である一方で人口 5 万人以上の自治体 (n = 26) では，最も重要度が高い政策が「企業誘致の実施」であるといった違いは見られるものの，概ね産業政策の重点度合いに関しては同じ傾向にあることがわかる．行政は地域の課題として「中心市街地の衰退」「地元を担う産業人材の減少・流出」「地場の基幹産業の衰退」「地場の基幹産業の衰退」「地域経済の新陳代謝を促すような産業創出・イノベーションの実現」をあげており，既存の基幹産業衰退を契機とした地域産業の活力衰退と地域の産業を牽引しうる新産業・イノベーションの創出を課題として掲げている一方で，地域産業政策としては既存の基幹産業を対象とした支援策や中心市街地活性化といった取り組みが中心であり，転業・廃業支援や地元企業の事業多角化・新規事業領域進出支援といった産業の新陳代謝を促すような支援策をあげている自治体は少ないことが特徴である．

　また，上記であげられた重点施策の効果が発現し，地域の成長・発展に結び

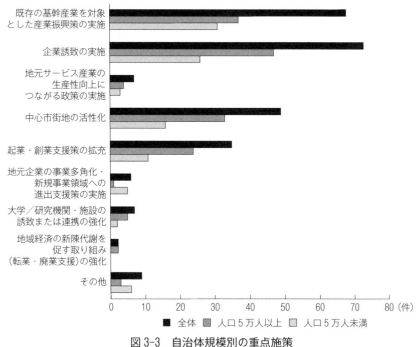

図 3-3　自治体規模別の重点施策

出所）アンケート調査を基に筆者作成.

付いているかという設問の回答が**図 3-4** である．重点施策のうち，企業誘致の実施以外の施策の効果は総じて厳しく，必ずしも地域の成長に結びついているとはいえない状況が読み解ける．

　重点施策が十分な効果を発現できていない状況を踏まえ，地域産業振興にかかる施策展開に際して課題となっている点についての設問への回答は**図 3-5** のとおりである．全体では，「地域内経済循環が促進されるような多角的な産業が地域にない」が最も多く，次いで「地場産業に地域活性化を牽引する力や技術等が十分にない」，「産業のイノベーションを担う知識人材が不足している」という順になっており，主に内発的発展に必要な地域資源の不足を指摘する意見が多い．

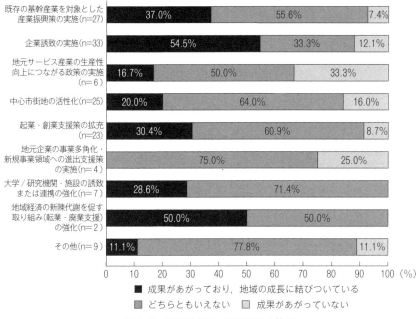

図 3-4　重要施策の成果発現の状況

出所）アンケート調査を基に筆者作成.

　人口規模別では，人口 5 万人以上の自治体（n = 26）は全体と概ね同じような課題認識である一方で，人口 5 万人未満の自治体（n = 17）では，人口 5 万人以上の自治体に比べて「産業政策を主導する専門家がいない」，「行政に産業活性化のノウハウ・知見が不足している」，「産業振興を担う行政側の体制が不十分」，「行政のリーダーシップがない」といった行政組織内の体制の脆弱性やノウハウ不足を課題として認識している意見が多いことが特徴としてあげられる．この点は，米国の市支配人制におけるシティマネージャーのリーダーシップ発揮の研究において，Zhang and Yang［2008］および Zhang and Feiock［2009］の，経済的に苦しんでいる地域におけるシティマネージャーは，地域で尊敬と自主性を獲得する可能性が高い［Zhang and Yang 2008］，小規模都市では（シティマネージャーが）政策決定を主導する傾向にある［Zhang and Feiock 2009］，富裕度の低

い都市ほど，シティマネージャーの専門知識をより活用する可能性が高くなる
[Zhang and Feiock 2009] といった主張を裏づけるものであると考える.

　つまり，米国の市支配人制と日本の強市長型の二元代表制では制度的な枠組
みが大きく異なるものの，政策形成過程における役割やリーダーシップの発揮
といった点においては，日本の小規模自治体において外部登用された行政幹部
の果たす役割は，米国におけるシティマネージャーが果たしている役割と同様
に大きく，高い役割と責任の発揮を期待されているということが推察される.

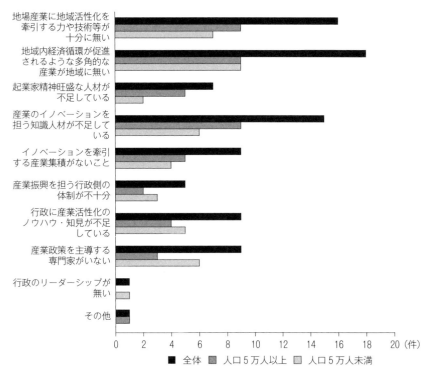

図 3-5　地域産業政策の展開・具体的な施策の実施にあたって課題となること
出所）アンケート調査を基に筆者作成.

（2）外部登用による自治体幹部が実際に果たした役割

　次に，実際に自治体幹部として登用された外部人材が政策形成過程において
どのような役割を発揮してきたのかという点について分析をおこなう．

　図3-6では，外部から登用した自治体幹部の有無について，全体では「い
る」と答えた自治体は44.2％であり，「以前はいたが今はいない（18.6％）」と合
わせると外部登用の経験のある自治体が62.8％にのぼった．
　人口規模別では，人口5万人以上の自治体（n＝26）は「いる」が57.7％，
「以前はいたが今はいない」が11.5％と約7割の自治体が外部登用の経験があ
ったのに対して，人口5万人未満の自治体（n＝17）は「いる」が23.5％であっ
た．「以前はいたが今はいない」を併せても外部登用経験のある自治体は
52.9％に留まっており，前述のとおり行政組織内の体制の脆弱性やノウハウ不
足を課題として認識している意見が多い小規模自治体ではあるが，外部登用に
よる人材確保は必ずしも十分にできていないことがわかる．

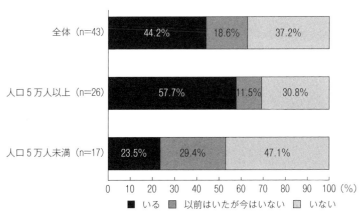

図3-6　外部人材の幹部登用経験の有無

出所）アンケート調査を基に筆者作成．

　外部登用幹部の属性等を整理したものが**図 3-7** および**図 3-8** である．外部登用された自治体幹部の職位は，副首長が 39.3％，部長相当職が 39.3％と副首長および部長総当職で約 8 割を占めた．外部登用人材の前職の内訳は，国家公務員 30.0％，都道府県職員 43.3％となっており，外部登用者の多くが中央官庁および広域自治体である都道府県からの派遣者であることがわかる．

　なお，基礎自治体における外部登用幹部の多くが，公務員出身であるという点は，地方創生政策の重点施策である地方創生人材支援制度においても同様であり，2015 年の制度開始以降 2020 年度までの派遣結果の累計では，被派遣者（延べ被派遣者数）のうち国家公務員が全体の 69.3％を占め，民間企業は 22.1％，大学等教員が 8.6％となっている．特に，IT 分野に特化して派遣をおこなった令和 2 年度のデジタル専門人材派遣制度による民間人材の被派遣者 22 名を除外すると，実質的な地方創生人材支援制度を活用した自治体幹部職員任用の 74.7％が国家公務員であり，民間人材は 16.0％に過ぎなかった[2]．

　また，田村 [2006] の調査によると，人口 10 万人未満の小規模自治体においては，助役の登用は，市職員からが調査対象自治体の 66.1％，県職員からが 23.6％となっており，自治体の立地する地域（市・県）以外からの登用は 4.9％，

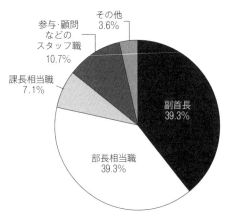

図 3-7　外部登用幹部の職位（n = 28）
出所）アンケート調査を基に筆者作成．

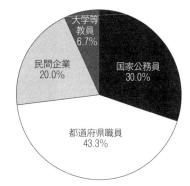

図 3-8　外部登用幹部の前職（n = 30）
出所）アンケート調査を基に筆者作成．

民間からの登用はわずか1.2%という状況であった[3]．本調査における結果をみると民間企業出身者や大学等教員の割合は一定割合あるものの，外部登用された自治体幹部は多くが公務員経験者であり，その傾向は現在においてもあまり変化がないことがわかる．

　図3-9および図3-10は外部登用幹部の属性によって付与される職位が変わるのかという点について整理したものであるが，前職が国家公務員および都道府県職員である場合はそのほとんどが副首長および部長相当職であるのに対し，民間企業および大学等教員については多くがスタッフ職等であることが多く，民間企業および大学等教員出身者の中で副首長となっているのは14.3%にとどまっている．

　外部登用幹部が実際に果たした役割について，アンケート調査では，外部登用された自治体幹部が，行政内部でどのような立ち位置で業務遂行をしていたのかという点について，「情報提供や助言はするが，政策立案の過程にはあまり関与せず，発言権はない」「幹部の行う助言や提言については具体的に検討

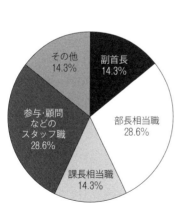

図3-9　外部登用幹部の職位
（民間企業・大学等教員：n＝7）
出所）アンケート調査を基に筆者作成．

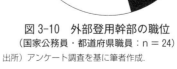

図3-10　外部登用幹部の職位
（国家公務員・都道府県職員：n＝24）
出所）アンケート調査を基に筆者作成．

がされており，政策の立案および実施に一定の影響力を有している」「外部登用の幹部は実質的に政策立案に至る過程を主導している」の3つの設問から最も当てはまるものを選択する設問によって把握した．

この設問は，Zhang and Feiock［2009］の先行研究を分析の枠組みとしたものである．Zhang and Feiock［2009］は，米国の市支配人制におけるシティマネージャーの役割に関する研究において，フロリダ州の市支配人制を採用する225の地方自治体サンプルとしたアンケート調査を実施している[4]．そして当該調査において，政策形成過程におけるシティマネージャーの影響度（公職者とシティマネージャーの power sharing のレベル）を「情報提供や助言はするが，政策立案の過程にはあまり関与せず，発言権はない（＝exclusion）」「幹部の行う助言や提言については具体的に検討がされており，政策の立案および実施に一定の影響力を有している（＝sharing)」「外部登用の幹部は実質的に政策立案に至る過程を主導している（＝deference)」の3つのパターンに分類している．

Zhang and Feiock［2009］によると，フロリダ州における調査対象自治体123のうちシティマネージャーの役割を exclusion と認識している割合は6％であり，81％は sharing のカテゴリーにあると回答，大きな政策への責任を果たしながら政策を主導している deference のカテゴリーにあると回答した割合は13％であったとしている．

このように，米国においては市支配人制の自治体においても，公職者とシティマネージャーは政策形成過程において役割を分担することが主張されている．Zhang and Feiock［2009］の枠組みを活用し，日本における自治体幹部の政策形成における役割を整理したものが**表3-2**である．

全体では，「情報提供や助言はするが，政策立案の過程にはあまり関与せず，発言権はない（＝exclusion）」とした自治体は 8.0％であり，「幹部の行う助言や提言については具体的に検討がされており，政策の立案および実施に一定の影響力を有している（＝sharing)」が 68.0％，「外部登用の幹部は実質的に政策立案に至る過程を主導している（＝deference)」が 24.0％であった．

表 3-2　政策立案の段階における外部から登用された行政幹部の役割

	全体 (n = 25)	人口5万人以上 (n = 18)	人口5万人未満 (n = 7)
情報提供や助言はするが，政策立案の過程にはあまり関与せず，発言権はない	2 8.0%	2 11.1%	0 0.0%
幹部のおこなう助言や提言については具体的に検討がされており，政策の立案および実施に一定の影響力を有している	17 68.0%	12 66.7%	5 71.4%
外部登用の幹部は実質的に政策立案に至る過程を主導している	6 24.0%	4 22.2%	2 28.6%

出所）アンケート調査を基に筆者作成.

　また，人口規模別でみると，人口5万人以上の自治体においては，exclusion のカテゴリーにあると回答した割合は 11.1％であり，sharing のカテゴリーにあるとの回答は 66.7％，deference のカテゴリーにあると回答した割合は 22.2％であった.

　一方，人口5万人未満の自治体においては，exclusion のカテゴリーにあると回答した割合は 0.0％であり，sharing のカテゴリーにあるとの回答は 71.4％，deference のカテゴリーにあると回答した割合は 28.6％であった.

　人口規模別では，小規模自治体の方が外部登用の自治体幹部に政策展開においてより大きな役割を担わせていることが読み取れる.

　また，約7割の自治体が首長と何らかの役割分担をしながら政策展開をしている状況も読み取れ，これは二元代表制であり強市長制に近い日本の地方自治制度においても，米国の市支配人制におけるシティマネージャーの期待役割と同じ傾向が見られることが言える.

　Svara は，公選職とシティマネージャーの政策形成における相互依存関係を政治と行政の補完性に関するモデルとして提示したが，Svara の主張は，本調査における日本の首長と外部登用された自治体幹部との間においても同様の関係が提示されている.

　そして，自治体規模が小さいほど外部登用された自治体幹部が政策展開に深

く関与する傾向がある点についても，小都市において政策決定においてシティマネージャーが相応の役割を果たすという点を指摘した Morgan and Watson や小規模都市では政策決定を主導する傾向にあるとした Zhang and Feiock の主張を裏づけたものとなっている．

　以上のとおり，アンケート調査からは外部登用された自治体幹部は政策形成過程において相応の役割を付与されていること，小規模自治体においては，政策展開自体を主導する傾向が見られることが整理された．では，外部登用された自治体幹部は，政策形成過程において実際にどのような役割を担ったのであろうか．

　以下では外部登用された自治体幹部を現在採用している自治体および過去に採用していた自治体のアンケート調査における回答を活用し，真山 [2011] のネットワークの設計・管理において行政が留意すべき 6 つの視点および Goldsmith and Eggers [2004] のネットワークの設計と管理の要素の 2 つの枠組みを活用し，政策形成過程を 14 のプロセスに分類した上で，プロセス毎に実際に外部登用された自治体幹部が役割を果たしたのか果たしていないのかについて分析をおこなった．

　なお，真山のネットワークの設計・管理において行政が留意すべき 6 つの視点およびゴールドスミスのネットワークの設計と管理の要素を政策形成から実施までのプロセスにまとめたものが**表 3-3** である．

　本分析では，主に政策形成過程における外部登用された自治体幹部の果たした役割を考察することから，このネットワークの設計および管理のプロセスのうち政策形成過程に関わる領域である 1 から 14 までの項目について，外部登用された自治体幹部が実際に果たした役割について調査をおこなった．その結果が**表 3-4** である．

　全体でみると，外部から登用された行政幹部が政策立案の過程で果たした役割について，最も多く「役割を果たした」と答えた項目は「大局的な視野に立った地域の課題発見，構造把握」であり，次いで「議会での答弁など」「課題解

表 3-3　ネットワークの設計・管理の留意点とプロセス

項目			ネットワークの設計と管理において行政が留意すべき6つの視点		ネットワーク設計・管理のプロセス
政策形成過程	ネットワークの設計に関わる項目	政策形成から実施の流れ	問題の明確化と明確な目的の設定	1	大局的な視野に立った地域の課題発見・構造把握
				2	課題解決策の洗い出し，政策手法の検討・提示
				3	政策手法実施時の影響や効果に関するエビデンスの検討
			アクターの選定とアクターの特性の理解	4	地元事業者との連携
				5	地域外の事業者等との紐帯強化，協業のルート構築
				6	起業家人材の探索，連携強化
				7	政策検討に関わる事業者等との円滑なコミュニケーション
			ネットワークの構造と機能の公式化	8	政策検討・実施に参画するアクターの公式化（連携協定，条例化，ルール明文化，権限の付与など）
	ネットワークの管理に関わる項目		合意形成メカニズムの設定	9	政策目標の設定・明確化
				10	活動のインセンティブ付与，リスク分担の確定
				11	政策の詳細化，体系化
				12	政策決定に必要なエビデンス収集，合意に向けた調整プロセスへの関与
				13	議会での答弁など
			管理ツールの整備	14	政策実施に関与する事業者等との情報把握，政策実施途中の事業推進状況管理・モニタリング
政策実施過程				15	政策実施時に発生する課題，不具合への対応
			アカウンタビリティの確保と評価システムの確立	16	政策に関係するアクターや住民の意見募集など
				17	政策実施途中のパフォーマンス評価と対応（政策の効果を高めるための活動の修正・変更，目標の再検討など）
				18	政策の評価指標（KPIなど）の管理手法高度化
				19	政策の意義や効用についての住民やメディア等への情報発信

出所）真山 [2011]，Goldsmith and Eggers [2004] を基に筆者作成.

決策の洗い出し，政策手法の検討・提示」「政策決定に必要なエビデンス収集，合意に向けた調整プロセス（議会説明など）への関与」「政策実施時の影響や効果に関するエビデンス検討」「政策実施に関与する事業者等との情報把握，政策実施途中の事業推進状況管理・モニタリング」の順となっている.

　政策形成過程でみると，主に政策形成初期段階および政策形成の最終段階において大きな役割を果たしていることが読み取れた.

表3-4 外部から登用された行政幹部が政策立案の過程で果たした役割

項目	全体 (n = 26) 役割を果たした	わからない・どちらともいえない	役割を果たしていない	人口5万人以上 (n = 18) 役割を果たした	わからない・どちらともいえない	役割を果たしていない	人口5万人未満 (n = 8) 役割を果たした	わからない・どちらともいえない	役割を果たしていない
大局的な視野に立った地域の課題発見、構造把握（※）	23 92.0%	2 8.0%	0 0.0%	17 100.0%	0 0.0%	0 0.0%	6 75.0%	2 25.0%	0 0.0%
課題解決策の洗い出し、政策手法の検討・提示	20 76.9%	6 23.1%	0 0.0%	14 77.8%	4 22.2%	0 0.0%	6 75.0%	2 25.0%	0 0.0%
政策実施時の影響や効果に関するエビデンス検討	19 73.1%	6 23.1%	1 3.8%	15 83.3%	3 16.7%	0 0.0%	4 50.0%	3 37.5%	1 12.5%
地元事業者との連携	16 61.5%	8 30.8%	2 7.7%	11 61.1%	5 27.8%	2 11.1%	5 62.5%	3 37.5%	0 0.0%
地域外の事業者等との紐帯強化、協業のルート構築	13 50.0%	13 50.0%	0 0.0%	10 55.6%	8 44.4%	0 0.0%	3 37.5%	5 62.5%	0 0.0%
起業家人材の探索、連携強化	7 26.9%	15 57.7%	4 15.4%	5 27.8%	11 61.1%	2 11.1%	2 25.0%	4 50.0%	2 25.0%
政策検討に関わる事業者等との円滑なコミュニケーション	16 61.5%	10 38.5%	0 0.0%	11 61.1%	7 38.9%	0 0.0%	5 62.5%	3 37.5%	0 0.0%
政策の検討・実施に参画するアクターの公式化（連携協定、条例化、ルール明文化、権限付与など）	12 46.2%	13 50.0%	1 3.8%	8 44.4%	9 50.0%	1 5.6%	4 50.0%	4 50.0%	0 0.0%
政策目標の設定・明確化	17 65.4%	7 26.9%	2 7.7%	13 72.2%	5 27.8%	0 0.0%	4 50.0%	2 25.0%	2 25.0%
連携する事業者等との利益・リスク分担の確定	14 53.8%	11 42.3%	1 3.8%	10 55.6%	8 44.4%	0 0.0%	4 50.0%	3 37.5%	1 12.5%
政策の詳細化、体系化	14 53.8%	9 34.6%	3 11.5%	11 61.1%	6 33.3%	1 5.6%	3 37.5%	3 37.5%	2 25.0%
政策決定に必要なエビデンス収集、合意に向けた調整プロセス（議会説明など）への関与	20 76.9%	5 19.2%	1 3.8%	15 83.3%	2 11.1%	1 5.6%	5 62.5%	3 37.5%	0 0.0%
議会での答弁など	21 80.8%	3 11.5%	2 7.7%	14 77.8%	2 11.1%	2 11.1%	7 87.5%	1 12.5%	0 0.0%
政策実施に関与する事業者等との情報把握、政策実施途中の事業推進状況管理・モニタリング	19 73.1%	6 23.1%	1 3.8%	14 77.8%	3 16.7%	1 5.6%	5 62.5%	3 37.5%	0 0.0%

注）人口5万人以上の自治体で1自治体未回答あり。
出所）アンケート調査を基に筆者作成。

　また，外部から登用された行政幹部が政策立案の過程で果たした役割について「役割を果たした」と答えた回答が少ない項目は，「起業家人材の探索，連携強化」「政策検討・実施に参画するアクターの公式化（連携協定，条例化，ルール明文化，権限付与など）」「地域外の事業者等との紐帯強化，協業のルート構築」「連携する事業者等との利益・リスク分担の確定」「政策の詳細化，体系化」の順となっている．

　地方自治体において外部人材の活用は，大谷が，「自治体の目標と政策を実現するために，ある時点で不足している，あるいは，将来の時点で不足すると予想される人材を獲得すること」［大谷 2017：70］と定義しているように，国からの出向や任期付採用による民間等の人材登用についても，その目的は高度の専門性を備えた人材の活用により展開する政策に通じた人材を確保することにある．

　先行研究において主張されている外部人材を活用する目的を踏まえると，アンケート調査結果において導出された政策形成初期段階および政策形成の最終段階において大きな役割を果たしているという結果は，外部登用された自治体幹部の多くが国家公務員や都道府県職員という職歴であったことに起因するものと思われる．

　つまり，調査自治体においては行政経験が豊かな人材のもつノウハウを期待されたことから，政策形成の初期段階と議会答弁や政策決定に必要なエビデンス収集，合意に向けた調整（議会説明など）の関与といったプロセスで大きな役割を発揮したのではないかと想定される．

　一方，「起業家人材の探索，連携強化」「地域外の事業者等との紐帯強化，協業のルート構築」「連携する事業者等との利益・リスク分担の確定」といったような地域内外のアクターを巻き込み，仲介する役割が必ずしも高いとはいえないことも特徴的である．

　先に述べたように，外部人材の活用が自治体の目標と政策を実現するために不足する人材を獲得することであるならば，これらのプロセス展開について果

たす役割も大きいのではないかと思われるが，調査結果では「起業家人材の探索，連携強化」「地域外の事業者等との紐帯強化，協業のルート構築」「連携する事業者等との利益・リスク分担の確定」と言ったような内発的要素を誘発するために必要な地域内外のアクターの巻き込みと言った点については，政策形成の初期段階と議会答弁や政策決定に必要なエビデンス収集，合意に向けた調整（議会説明など）の関与といったプロセスに比べて評価は高くないという結果となった．

　次に，外部登用の行政幹部が政策立案の過程で果たした役割を自治体の人口規模別で検証する（図3-11）．

　「役割を果たした」と回答した割合を人口5万人以上の自治体と人口5万人未満の自治体の2つのカテゴリーで分析をおこなったところ，多くのプロセスで同じような傾向となったものの，両者の回答割合に大きな差がついた項目がいくつか見られた．

　人口5万人以上の自治体の回答割合が10％以上多かったプロセスは，「大局的な視野に立った地域の課題発見・構造把握」「地域外の事業者等との紐帯強化，協業のルート構築」「政策目標の設定・明確化」「政策の詳細化，体系化」「政策決定に必要なエビデンス収集，合意に向けた調整プロセスへの関与」「政策実施に関与する事業者等との情報把握，政策実施途中の事業推進状況管理・モニタリング」であった．

　一方，人口5万人未満の自治体の回答割合が10％近く上回ったプロセスは，「議会への答弁など」であった．アンケート調査の母集団が少ないため地方自治体に外部登用された自治体幹部の傾向が頑健なエビデンスとして示されたということはできないものの，調査回答自治体の傾向としては，人口規模5万人以上の自治体の方が外部人材を活用できている（役割を果たしている項目が多い）ことが読み取ることができる．

　ここまでは，実際に外部人材を自治体幹部として登用した実績のある自治体において実際に果たした役割を整理したが，最後に自治体が「外部から登用さ

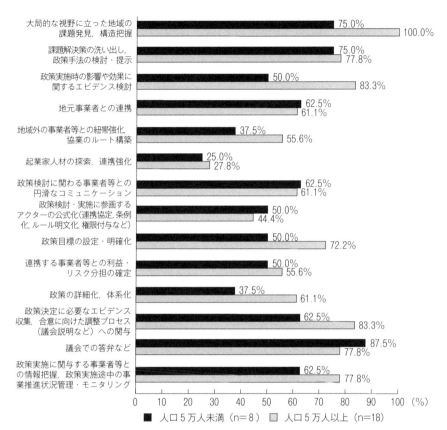

図 3-11　外部登用の行政幹部が政策立案の過程で役割を果たしたと回答した割合（人口規模別比較）

出所）アンケート調査を基に筆者作成.

れた行政幹部が本来果たすべきである」と考える重要な役割について分析する（**図 3-12**）. 全体では，「大局的な視野に立った地域の課題発見・構造把握」が最も多く，次いで「課題解決策の洗い出し，政策手法の検討・提示」「地域外の事業者等との紐帯強化，協業のルート構築」「政策目標の設定・明確化」の順となっている.

　次に，人口規模別に分析をおこなったものが**図 3-13**である. 人口 5 万人以

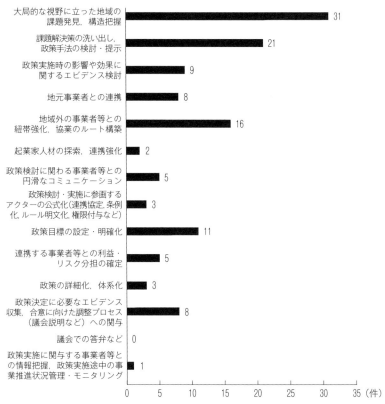

図3-12　外部から登用された行政幹部が本来果たすべきであると考える重要な役割（複数回答あり，n＝43）
出所）アンケート調査を基に筆者作成．

上の自治体では，外部から登用された行政幹部が本来果たすべきであると考える重要な役割とされた項目は「大局的な視野に立った地域の課題発見・構造把握」が最も多く，次いで「課題解決策の洗い出し，政策手法の検討・提示」「政策目標の設定・明確化」の順となっている．

　一方，人口5万人未満の自治体では，「大局的な視野に立った地域の課題発見・構造把握」と「地域外の事業者等との紐帯強化，協業のルート構築」が最

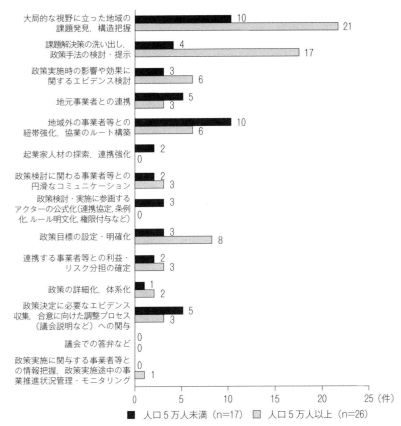

図 3-13　外部から登用された行政幹部が本来果たすべきであると考える重要
　　　　　な役割（人口規模別，複数回答あり）

出所）アンケート調査を基に筆者作成.

も多く，次いで「地元事業者との連携」「政策決定に必要なエビデンス収集，合
意に向けた調整プロセスへの関与」の順となっている.

　人口 5 万人以上の自治体では「外部から登用された行政幹部が本来果たすべ
きであると考える重要な役割」と「外部から登用された行政幹部が実際に果た
した役割」は概ね一致しているが，人口 5 万人未満の自治体では「地域外の事

業者等との紐帯強化，協業のルート構築」など本来果たすべき重要な役割と考えているものの，実際には必ずしも十分に役割が発揮できていない状況も読み取れた．

第5節　外部登用自治体幹部に対する期待

　以上，本調査では「条件不利地域においては，行政が積極的にイニシアチブを発揮してネットワークの設計を主導することが必要であるが，これらの能力は行政内部で確保することが難しく，専門的知見や経験を有する外部人材を行政幹部として登用しネットワークの設計を主導することを契機として地域の成長・発展を誘発させることができれば，結果として地域の成長が実現する」という仮説を設定し，条件不利地域に立地する基礎自治体において外部登用された行政幹部の果たした役割について，対象自治体へのアンケート調査結果をもとに分析をおこなった．結果をまとめると以下のとおりである．

　地域経済の課題については，主に中心市街地活性化，地元を担う産業人材の減少・流出，地場の基幹産業の衰退，地域経済の新陳代謝を促すような産業創出・イノベーションの実現との回答が多く，そのために重点的に取り組んでいる具体的な地域産業政策は企業誘致の実施，既存の基幹産業を対象とした産業振興策の実施，中心市街地の活性化，起業・創業支援策の拡充であった．

　また，これらの重点施策実施の成果の有無については，企業誘致の実施，既存の基幹産業を対象とした産業振興策の実施は「成果があがっており，地域の成長につながっている」という答えが5割程度あった一方で，中心市街地の活性化，起業・創業支援策の拡充といった取り組みについては「成果があがっており，地域の成長につながっている」という回答は2～3割に留まった．

　地域経済に関する取り組みの実施にあたって課題となることは，人口5万人以上の自治体は「地域内経済循環が促進されるような多角的な産業が地域にない」「地場産業に地域活性化を牽引する力や技術等が十分にない」「産業のイノ

ベーションを担う知識人材が不足している」といった主に地域産業振興におい
て内発的発展要素が少ないことを課題としてあげている.

　一方で，人口5万人未満の自治体は内発的発展要素が少ないことを課題とし
てあげているほか，人口5万人以上の自治体と比べると「産業振興を担う行政
側の体制が不十分」「行政に産業活性化のノウハウ・知見が不足している」と
いった主に行政組織における推進体制の脆弱性を課題としてあげていることが
特徴となっている.

　条件不利地域に立地する中小規模の基礎自治体は，地域経済の課題について
様々な取り組みをしているものの，成果があがって地域の成長につながってい
るかどうかについては政策によって大きな差があることが導出された.

　また，政策展開においては，都市の規模が大きい自治体は地域の内発的発展
要素が誘発されていないことを課題と認識しており，都市の規模が小さい自治
体は，内発的発展要素が誘発されていないことに加えて，行政側の行政組織に
おける推進体制の脆弱性を課題として認識されていた.これは，Zhang and
Yang および Zhang and Feiock の主張を裏づけるものであり，都市の規模が
大きい自治体は誘発されていない地域の内発的発展要素への対応のため，都市
の規模が小さい自治体は行政組織における推進体制の脆弱性他の対応のために
外部人材を自治体幹部として登用し，リーダーシップを積極的に発揮する役割
が期待されやすいのではないかと想定される.

　実際に，アンケート調査を回答した自治体の約6割が外部人材を自治体幹部
として登用したことがあるとしており，68.0％の自治体では外部登用した自治
体幹部が政策の立案および実施に一定の影響力を有しているとしており，
24.0％の自治体では実質的に政策立案に至る過程を主導していると回答するな
ど，行政は，外部登用した自治体幹部に対して相応のリーダーシップの発揮を
期待していることが整理された.

　また，外部登用の行政幹部が実際に果たした役割については，多くの自治体
が認識している項目が主に政策形成過程の初期段階である「問題の明確化と明

確な目的の設定」および政策形成過程の最終段階である「合意形成メカニズムの設定」であった．これは，Goldsmith and Eggers [2004] の行政の上級幹部が果たす役割は「関係と戦略を構築・管理」「顧客ニーズの把握」であるという主張に沿うものであると考えられる．日本においては，これに加え「合意形成メカニズムの設定」という意思決定に関わるプロセスにおいても重要な役割を果たしていることが整理された．

　本調査においては対象自治体を条件不利地域として小規模雇用圏の中心都市 97 自治体を抽出したが，回答数が 43 自治体であったこともあり，頑健なエビデンスとして本調査結果を提示するに至ってはいない．

　しかしながら，調査対象自治体の傾向としては行政幹部の外部登用については公務員を前職とするものを招聘するケースが多いこと，外部から登用された行政幹部はネットワーク・ガバナンスの設計に主導的な役割を果たしていること，政策形成過程において主に果たした役割については「問題の明確化と明確な目的の設定」および政策形成過程の最終段階である「合意形成メカニズムの設定」であることなどが明らかになった．

　「問題の明確化と明確な目的の設定」について真山 [2011] は，何が問題で，その問題を解決することによってどのような状態を生み出そうとするのかが明確になっていることが必須であると指摘している．同時に，表面的な問題の解決をはかるのではなく，問題の本質を見極めることが重要である [真山 2011：616-617] と主張する項目でもある．

　これは真山が，ネットワークの設計に当たって最も基本となることであるが，残念ながらこれまでの自治体が最も苦手にしてきたことでもある [真山 2011：617] と述べているとおり，「認識型問題解決」に慣れ親しんだ組織において最もノウハウが欠けている「探索型問題解決」のための活動範囲である．調査対象自治体の多くは，政策形成過程において重要なこれらの役割を外部人材に期待して登用していることが読み取れた．

　また，「合意形成メカニズムの設定」については，真山がネットワーク内部

での合意形成をどのようなプロセスと手続きによっておこなうのかは，ネットワークのアクターにとって重要であるだけでなく，ネットワークの正統性にも関わってくる要素である［真山 2011：618］と述べているとおり，これまで多くの公共の問題解決においておこなわれがちであった，決定過程に形式的に関与し，結論に同意するように働きかけられるにすぎない合意調達の対象となりがちなプロセスである．

　真山［2011］はこのプロセスについて，政策実施過程において円滑な政策運営がなされるためには，行政として政策提言や合意形成の仕組みを作るための役割が期待されていると主張しているが，当該プロセスにおけるイニシアチブ発揮を外部人材に期待していることが整理できた．

　以上，本分析では条件不利地域に立地する基礎自治体における行政組織の外部から登用された自治体幹部の果たす役割について考察をした．分析の結果，外部登用された行政幹部はネットワーク・ガバナンスの設計に主導的な役割を果たしていることが整理されたが，本分析にはいくつかの課題も存在する．

　第 1 に，本調査は条件不利地域を調査対象とし，その地域の定義を小規模雇用圏の中心都市 97 自治体と設定したが，アンケート調査にて得た回答数は 43 自治体であり，定量分析に十分な統計量を確保できたとは言い難い点である．本調査によって，調査回答自治体の傾向としては外部登用した自治体幹部のイニシアチブ発揮を期待は大きいということが主張できるものの，頑健なエビデンスが提示されたとは言い難いことは前述したとおりである．本来は調査対象範囲を広げ，大規模雇用圏と小規模雇用圏の比較，中心都市と郊外都市の比較といった分析を継続することが必要であり，今後の課題であると考える．

　第 2 に，本調査では先行研究として米国の市支配人制におけるシティマネージャーの役割について整理したが，米国における地方自治制度は多様であり，少なくとも市支配人制と日本の地方自治制度はその仕組みを大きく異にしている．本来であれば，日本の制度に近い制度下における行政幹部の役割との比較などをすることも必要であると考える．

　以上の課題はあるものの，本調査からは，条件不利地域に立地する基礎自治体においては行政組織の外部から登用された行政幹部の果たす役割が大きいことが考察された．大谷 [2016] は，地方自治体における人材の任用形態の多様化の背景を，地方自治体職員数の大幅かつ継続的な削減によって顕在化した一般行政部門のマンパワー不足を補う手段として，正規職員の代替として多様な人材を確保する動きになっていると整理しているが，本調査結果からは，調査回答自治体はもう少し前向きに外部登用人材を捉えているのではないかと考える．

　つまり，「問題の明確化と明確な目的の設定」への期待役割は，政府機能のネットワーク化の流れの中で，現在の自治体行政には適切なネットワークの設計と管理の能力が求められる状況下，これまでの自治体が最も苦手としてきた「探索型問題解決」に向けた問題発見と問題分析の理論と手法を開発し，組織に定着させていくために，外部登用した自治体幹部のイニシアチブ発揮を期待しているということであろう．

　また，「合意形成メカニズムの設定」への期待役割は，ネットワークを形成するアクターが合意調達の対象になるだけではなく，決定後の政策実施過程において円滑な政策推進が実現されるために必要な納得感のある政策提言や合意形成の仕組みを展開するために，外部登用した自治体幹部のイニシアチブ発揮を期待しているということが読み取れる．

　ガバナンスに注目が集まり公共サービスを担う多様な主体の存在に気づき始めた今日的状況においても，依然として住民の側も行政に対する期待は高く [野田 2008]，自治体以外のアクターがネットワークづくりの主体となるケースが増えていきつつもネットワークの中における政府部門の役割の相対的な大きさは続く [真山 2002] と指摘されているとおり，ネットワークの設計および管理の領域で行政がイニシアチブ発揮の期待は高い．日本において，条件不利地域に立地する中小規模の基礎自治体においては，外部登用の自治体幹部に期待されている役割は大きいということが言えるのではないだろうか．

注

1 ）回答数は 44 件であったが，うち 1 件は全問未回答であり，有効回答数は 43 件であった．

2 ）内閣府地方創生推進室［2020］『地方創生人材支援制度及びデジタル専門人材派遣制度 令 和 2 年 度 派 遣 に つ い て』（https://www.kantei.go.jp/jp/singi/sousei/pdf/r2_jinzaishien.pdf，2020 年 9 月 6 日閲覧）．

3 ）田村［2006：59］のデータから人口 10 万人未満の自治体を抽出し再計．

4 ）Zhang and Feiock は，調査サンプルとした 225 の地方自治体のうち，回答のあった 123 自治体のデータをもとに分析をおこなっている．

第4章

政策形成過程における外部登用人材の
リーダーシップ

はじめに

　前章では，これまでの自治体が最も苦手としてきた探索型問題解決に向けた
問題発見と問題分析の理論と手法を開発し組織に定着させるといった適切なネ
ットワークの設計と管理の能力が求められる．そして，外部登用した自治体幹
部には，ネットワークを形成するアクターが円滑な政策推進に必要な納得感の
ある政策提言や合意形成の仕組みを展開するために，イニシアチブを発揮して
いくことが期待されていることが整理された．

　条件不利地域に立地する中小規模の基礎自治体においては，行政組織の外部
から登用された行政幹部の果たす役割は大きいことはわかった．では，外部登
用人材が自治体幹部として受け入れられ，リーダーシップを発揮する源泉とな
る信頼の拠りどころはどこにあるのであろうか．

　本章では，米国の市支配人制におけるシティマネージャーのリーダーシップ
発揮に影響を与えている要素や，日本の自治体ナンバー2の役割についての先
行研究成果を整理するとともに，ネットワークの設計と管理におけるポイント
とされている6つの切り口のうち前章の調査において行政組織の外部から登用
された行政幹部が大きな役割を果たしたとの意見が多かった「問題の明確化と
明確な目的の設定」および「合意形成メカニズムの設定」への期待役割に注目
し，これらの役割遂行に当たって必要な能力や要素を整理する．

その上で，条件不利地域に立地する基礎自治体において地域産業政策の重点課題および外部登用した行政幹部人材が実際に果たした役割を把握するために実施した基礎自治体宛のアンケート調査の結果を踏まえて，リーダーシップ発揮に影響を与えている要素について考察を試みたい．

第1節　シティマネージャーのリーダーシップに影響を与える要素

Zhang and Feiock［2009］は，米国の市支配人制を採用する地方政府を題材に，シティマネージャーが政策形成において影響力行使を可能とする要因について分析をおこなっている．

Zhang and Feiock［2009］は，フロリダ州の市支配人制を採用する地方政府のアンケート調査結果を活用し，多項ロジスティックス回帰分析によってシティマネージャーの政策への影響力の予測をおこなっている．分析にあたっては，政策決定プロセスにおけるシティマネージャーの役割の大きさを従属変数とし，市長の直接選挙の有無，市長の政治的経験の豊富さ，シティマネージャーの専門的な経験の長さ（地方政府における管理職経験の長さ），シティマネージャーの専門教育の経験の有無（MPA 学位取得の有無），専門家のネットワークの有無（ICMA[1]および FCCMA[2] が主催する活動への参加頻度），政治的なリーダーとシティマネージャーの政治的立場の一致（党派性の一致），議員とシティマネージャーの良好な関係構築の有無，シティマネージャーのもつ管理権限の大きさを独立変数とし，性別，都市の規模，富裕度（家計所得の中間値）を制御因子として採用している．

そしてこれらの調査結果から，市長の政治的経験の長さ，シティマネージャーの専門教育の経験（MPA 学位取得），議員とシティマネージャーの良好な関係構築といった非制度的要因が政策形成におけるシティマネージャーの役割の大きさに影響を与えていること，専門教育の経験と専門家のネットワークによって獲得される政策形成能力（知識やスキル）がシティマネージャーの政策形成に

おける影響力行使の一助となっていると主張している.

　また，Zhang, Lee and Yang［2012］は，政策形成においてシティマネージャーに求められる要素はコミュニケーション能力（傾聴，妥協，交渉）と専門知識（予算・財務管理，IT 知識，調査・分析ノウハウ）であるとし，特に地方自治体をテーマとした MPA プログラムにおける専門知識とコミュニケーション能力養成の重要性を主張している.

　Dunn and Legge［2002］は，米国の地方自治体を対象としたアンケート調査を実施し，地方自治体の統治制度の特徴を公選職とシティマネージャーの関係から，公選職とシティマネージャーの役割について（1）役割が明確に分かれている「政治行政分断モデル」，（2）政治行政分断論を前置としつつも，シティマネージャーは公選職のコントロールを受け入れながらも政策を形成し執行に関与する役割を一定程度担うといったように，公選職とシティマネージャーとの間には相互依存と相互影響の関係が存在する「修正二分法モデル」，（3）シティマネージャーが政策の形成において役割を発揮する「パートナーシップモデル」の３つに分類するとともに，これらの自治体制度の特徴とシティマネージャー個人のもつ特性や自治体における役割などにどのような因果関係があるのかを分析している.

　Dunn and Legge［2002］は，アンケート調査結果から，政治行政分断モデルの自治体は，シティマネージャーの民間セクターでの勤務経験と正の相関があり，シティマネージャーの公共政策分野の専門教育の経験は負の相関が認められたとしている．これは公共政策の学位を保有するシティマネージャーは，大学院での研究において政治と行政との関連性への疑問について強調された結果，政治行政分断モデルを採用する自治体を避けた傾向があるとしている［Dunn and Legge 2002］．また，民間セクターでの勤務経験が豊富なシティマネージャーは，利害関係者も含めて広範な接点があることから，公選職とともにおこなう自身の役割についてより慎重であり，政治的な動きと行政運営を分離する傾向にあるとしている［Dunn and Legge 2002］.

　修正二分法モデルでは，シティマネージャーの裁量の大きさおよび公選職と
の良好な信頼関係において正の相関が認められたとしている［Dunn and Legge
2002］．また，パートナーシップモデルでは，政策の一致する公選職の存在，シ
ティマネージャーの裁量の大きさ，公選職との良好な信頼関係においては正の
相関が認められ，シティマネージャーの公共政策分野の専門教育の経験および
シティマネージャーの一般業務の任命権の大きさについては負の相関が認めら
れた［Dunn and Legge 2002］．

　そして，これらの分析を踏まえて，シティマネージャーの政策形成過程にお
ける役割は，シティマネージャー個人のもつ特性よりもシティマネージャーと
しての経験的変数の重要性を示唆していると主張している［Dunn and Legge
2002］．

第2節　行政幹部の政策形成能力と果たすべき役割

（1）行政における政策形成能力

　前章の調査において，行政組織の外部から登用された行政幹部が大きな役割
を果たしたとの意見が多かった「問題の明確化と明確な目的の設定」および
「合意形成メカニズムの設定」への期待役割に注目し，これらの役割遂行に当
たって必要な能力や要素についての先行研究について整理したい．

　真山［2011］は「問題の明確化と明確な目的の設定」のプロセスについて，問
題発見と問題分析の理論と手法を開発し，組織に定着させることが最重要課題
である［真山 2011：617］としており，「合意形成メカニズムの設定」のプロセス
においては，ネットワーク内部での適切な合意形成のプロセスと仕組みはネッ
トワークの正統性にも関わってくる要素であり，ネットワークのアクターの多
くが合意形成に関われる仕組みを模索することが必要になるのである．近年，
注目を集めるようになったワークショップ方式やプラットフォームの形成もヒ
ントになるだろう［真山 2011：619］としている．

　そして，問題を明確にして，課題や目的を抽出することにしても，その課題や目的を実現するためのネットワークを設計するにしても，いずれもいわゆる政策形成能力に関わっているのである．つまり，事業型の発想から政策的発想への転換が求められている［真山 2011：622］とし，ネットワークの設計・管理における政策的発想を起点とした政策形成能力の重要性を主張している．また真山［2011］は，政策形成過程に必要な能力，つまり政策的発想を起点とした政策形成に必要となる資質や能力として問題発見能力と政策型思考の2つをあげている．

　真山［2001］は，政策形成過程のスタートラインは問題の発見であり，地域にどのような問題が存在するのかを的確に把握することが最初に問われることであり，その能力が問題発見能力であるとしている．その上で，自治体が対応しなければならない諸問題を問題発見のプロセスの視点で認識型問題と探索型問題に分類している．

　認識型問題とは，社会全体としても，個人としてもほとんど全ての人々が問題の存在とその問題の内容について知っていて，問題として認識しているような問題を指し，探索型問題とは，通常はいまだ多くの人の目にはそれほど深刻かつ明白な問題となっていないため現場で満足する人が大半であるが，近い将来には大きな問題となりうるような問題であり，現時点では意識的に探し求めないと発見できないものを指す［真山 2001］．

　既知の領域の情報を基にした認識型問題は，既に問題が社会的認知を得ておりかつ深刻化していることが通常である．よって，認識型問題は取り組みの可否の議論の余地はなく，誰もが認識する問題の状況を改善することが喫緊の課題となることが多い．そしてこれらの問題への対応は従来からの自治体の主たる任務とされてきており，これからもこれらの問題への対応は引き続き重要な役割であることは議論を待たない．

　しかし，真山［2001］は，認識型問題対応の課題と限界について，（1）問題への対応が受動的であり，問題の発見と分析，政策課題の優先度検討といった自

主的・主体的な政策検討の余地が全くないこと，(2) 問題の原因が何であるのか，より本質的な問題は何か，今後の問題の展開はどのようになるかといったことを検討する余裕がなく，とりあえず目の前にある問題を軽減することが優先される，つまり対症療法的な対応になりやすいこと，(3) 問題の発見自体にはそれほど専門性を必要としないため，調査・研究・分析能力といった専門性が育たないことの3点をあげている．

探索型問題について真山 [2001] は，近い将来には大きな問題となりうるような問題であるが現時点では意識的に探し求めないと発見できない領域の情報を基にしたもので，あえて問題を設定して現状に満足せずに現状をより良くしようとする，根本的な問題解決に近づき具体的な問題発生前に原因を取り除くといった，現状に満足している人々に対する積極的な問題提起 [真山 2001：119] と定義している．

また，探索型問題への対応は，多くの人を納得させるだけのデータやエビデンスを提示し，論理を構築すること，つまり，問題を見つけ出そうとする意識と，現状を的確に分析する能力が伴う必要があるとしている [真山 2001]．

そして，このような政策形成に必要な能力として，(1) 政策形成・意思疎通・合意形成のためのコミュニケーション能力，(2) 情報収集・情報選択・情報分析・分析結果を利用する能力，(3) 調整能力，(4) 企画能力が求められるとともに，行政として合規性・能率性といった手続的責任および有効性などの内容的責任を備えた政策人の育成の重要性を主張している [真山 2001]．

田中 [2012] は，自治体職員の階級や職位に応じて，重視される政策形成能力は異なり，住民と相対することの多い第1線職員には地域における問題の発見から課題の定式化（設定），課題解決策の洗い出しまでのフェーズが不可欠な要素として求められ，所属長級や幹部クラスの職員は，課題解決策のブラッシュアップ・絞り込み・体系化をはかり，決定へむけて公式ルートでの調整をはかっていく能力が求められるとしている．

その上で，ネットワークによる政策形成をうまく進めるために求められる政

策形成能力を（1）ネットワークを概念化（設計）する能力，（2）統合（管理）する能力，（3）ネットワークの中で効果的な知識共有の慣行を作りあげる能力の3点に整理している（田中 2012）．また，これらの能力の構成要素として求められるものとして，ネットワークを概念化（設計）する能力については大局的な視野，戦略的思考，リスク分析，チーム作り，地域診断であり，統合（管理）する能力については，仲裁，交渉，対人コミュニケーション能力としている．

そして，ネットワークの中で効果的な知識共有の慣行を作りあげる能力については，正統性と強制力を有した自治体みずからが乗り出し，プラットフォームを通じて，ファシリテーター，コーディネーター，インテグレーター（統合・調整役）としてネットワークを監督することとしている［田中 2012］．

（2）日本における自治体ナンバー2の役割

田村［2006］は，自治体ナンバー2（調査当時は助役）の意識調査から，自治体ナンバー2が重責を果たすには首長との良好な関係構築および効率的，効果的な役割分担であるとしている．そして，より首長の権限を移譲することによってリーダーシップを発揮すべき，自治体ナンバー2の果たすべき役割はより大きくすべきという意見もあるとしている．

また，そのような期待役割の中，自治体ナンバー2に向いた人材像として，行政経験のないトップのもとでは行政法規から逸脱しないようにアンカー的な役割を果たし，内部組織からトップに登りつめた首長の元では惰性に流されないように職員を引き締める役割を果たすなど，トップの個性に反応して職責を全うすることが求められる［田村 2006：120-121］．

首長は，政治家，経済人等の出身者も多いことや，首長の職務は基本的政策（公約）の立案，対外的説明等が多いこと等を勘案すると，助役には行政実務の経験者が適任であると考える［田村 2006：122］など，首長のタイプによって望ましい人物像は変わってくるとしている．

一方，行政職員は，自治体ナンバー2に向いた人材像として，行政経験や行

動力，既成の概念に囚われず様々な側面や長期的な視野で柔軟に判断ができる
ようなスキルをもつ柔軟性，責任感・使命感といった要素をあげる意見や，首
長・議会・職員とのコミュニケーション能力，首長以上に市政運営・組織運営
の感覚・能力に優れること，地元に精通するなど住民・議会・職員の信頼に足
る人物であることなどをあげている．

　そしてこれらの調査研究を踏まえ田村 [2006] は，ふさわしい自治体ナンバ
ー2の人物像について，自治体のトップに就く者が分権時代を背景にして，強
力なリーダーであればあるほど（あるいはあろうとすればするほど），ますます実務
に長け，自治体内外の関係者とも太いパイプをもつ，いわば真の意味での自治
体プロがナンバー2に就任すべきであり，それが地域にとっても望ましいこと
であると主張している．

第3節　外部登用幹部の権威性

　以上の先行研究を踏まえ，本節以降では，条件不利地域に立地する中小規模
の基礎自治体を調査対象として，自治体幹部として登用された外部人材のリー
ダーシップ発揮に影響を与えている要素はどこにあるのかについて，調査対象
基礎自治体宛に実施したアンケート調査結果および統計情報等の定量データを
活用して分析を試みたい．

　日本の自治体の政府形態は中央政府と異なり，議事機関である議会と執行機
関である首長が権力を分立し独立して活動をおこなうことにより抑制均衡を保
ちながら健全な自治体運営を進めていく二元代表制を採用している．また，予
算を調製する権限が首長に付与されているなど，強首長型の制度であると言わ
れている．

　日本の制度は，多様な制度が存在する米国の政府形態とは性格を大きく異に
するものの，住民ニーズの多様化や厳しい財政状況などを背景に，日本におい
ても公選職である首長と行政幹部が相互依存・相互補完をしながら政策形成・

実施を進めていく状況が見られることは前章で整理したとおりである．その点
では，既に政治行政分断論を前提とした制度だけではなく，政治行政の融合が
すすむ米国における多様な自治体の政府形態におけるシティマネージャーおよ
び CAO の役割やリーダーシップ発揮の要素も参考になると考える．以上の考
え方のもと本章では，主に Zhang and Feiock の枠組みを意識しながら外部人
材の正統性・権威性について考察したい．分析にあたっては Zhang and
Feiock が主張する「市長の政治経験，シティマネージャーの専門性，シティマ
ネージャーと議会（公選職）との選好の一致などの非制度的要因が，議会（公選
職）がシティマネージャーに政策形成の影響力を行使することを許可する可能
性に影響を与える」という主張は日本においても受容されるのか，という点に
ついて定量的分析を試みる．

　よって，分析にあたっては，「外部登用された自治体幹部が政策形成過程に
おいて発揮するリーダーシップの正統性・権威性は，公共政策分野における専
門性や多様な専門家とのネットワークによって獲得される政策形成能力が影響
を及ぼしている」という仮説を設定する．

　具体的には，「外部登用された自治体幹部が政策形成過程において発揮する
リーダーシップの拠りどころとなる要素は，公共政策分野における学位取得と
いった専門的知識や豊富な行政経験に裏打ちされた市政運営・組織運営の感覚
や能力，多様な専門家とのネットワークによって獲得されるコミュニケーショ
ン能力，情報収集・情報選択・情報分析・分析結果を利用する能力，調整能力，
企画能力といった政策形成能力である」という仮説を設定し，条件不利地域に
立地する中小規模の基礎自治体において外部登用された行政幹部のリーダーシ
ップ発揮の拠りどころとなる正統性・権威性について定量分析による考察を試
みる．

（1）分析のアプローチ

本章の分析にあたっては，Zhang and Feiock が米国の市支配人制を採用す

る地方政府を題材に実施した，シティマネージャーが政策形成において影響力行使を可能とする要因についての分析手法の枠組みを参考にした．

　Zhang and Feiock は，政策決定プロセスにおけるシティマネージャーの役割・権限の大きさを従属変数としている．具体的には，フロリダ州に立地する地方自治体のシティマネージャーに対して（1）私は議会に情報を提供するだけであり，政策立案プロセスについてはほとんど発言権がない，（2）議会は私の助言と勧告を受けて政策を検討しているなど，私は政策形成過程に一定の影響力をもっている，（3）私は政策形成過程を主導し，議会は私の方針に従い政策が決定されることが多い，という設問を投げかけ，シティマネージャーの役割の大きさ・権限（＝power）を exclusion（＝除外），sharing（＝権限の共有），deference（＝尊敬）の3種類に類型化した結果を従属変数として採用している．

　また，市長の直接選挙の有無，市長の政治的経験の豊富さ，シティマネージャーの地方政府における管理職経験の長さ，シティマネージャーの専門教育の経験の有無，専門家のネットワークの有無，政治的なリーダーとシティマネージャーの党派性の一致，議員とシティマネージャーの良好な関係構築の有無，シティマネージャーのもつ管理権限の大きさを独立変数としている．

　本章においても，対象自治体に対して，同様の切り口で設問を設定するとともに，真山が政策形成に必要となる資質や能力としてあげた問題発見能力と政策型思考に関わる指標を独立変数に加えた上で，対象自治体に対してアンケート調査を実施，回収された結果をもとに分析を試みた．なお，アンケート調査の概要は以下のとおりである．

（2）調査対象自治体

　本分析は条件不利地域に立地する中小規模の基礎自治体を研究の対象としている．よって，本分析の調査対象自治体は，引き続き前章までの分析と同様に金本・徳岡［2002］の都市雇用圏のうち小都市雇用圏の中心都市 97 自治体を分析対象として抽出した．

（3）アンケート回答率

アンケート調査対象自治体 97 のうち有効回答は 43 件[3]，回答率は 44.3% であった．なお，回答総数 43 件のうち実際に自治体幹部を外部登用した経験のある自治体は 26 自治体であった[4]．

（4）アンケート調査の設問項目

本章においては，**図 4-1** のアンケート調査の設問項目を活用して分析をおこなった．

（5）分析手法および採用データ

Zhang and Feiock の先行研究では，政策決定プロセスにおけるシティマネージャーの役割・権限の大きさを exclusion（＝除外），sharing（＝権限の共有），deference（＝尊敬）の 3 種類に分類し，そのアンケート調査回答結果を従属変数とした上で，sharing（＝権限の共有）を基本カテゴリーとして多項ロジスティックス回帰分析をおこない，シティマネージャーのリーダーシップ発揮の政策への影響を予測している．

本調査においても同様の分析を試みるために，アンケート調査において外部登用された自治体幹部の政策形成過程における役割の大きさを計測した．具体的には，問 12「政策立案の段階における外部から登用された行政幹部の役割について最も近いものは何ですか」という Zhang and Feiock が従属変数としたものと同じものを設問として設定した．

問 12 では，対象自治体に（1）情報提供や助言はするが，政策立案の過程にはあまり関与せず，発言権はない（＝exclusion に相当），（2）幹部のおこなう助言や提言については具体的に検討がされており，政策の立案および実施に一定の影響力を有している（＝sharing に相当），（3）外部登用の幹部は実質的に政策立案に至る過程を主導している（＝deference に相当）から選択をしてもらい，回答結果を類型化することを試みた．

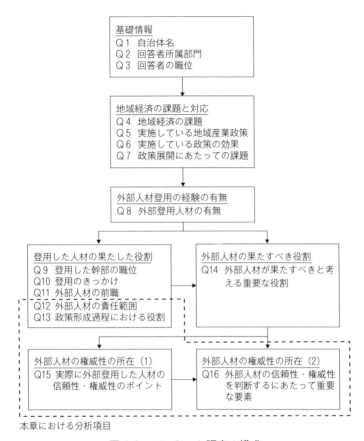

図 4-1 アンケート調査の構成

出所）筆者作成.

　しかし，アンケート調査における有効回答数が 26 にとどまったこともあり，本データ量ではサンプル数が少なく不偏推定量ではないと想定されたことから，本調査結果において多項ロジスティックス回帰分析による考察は適当でないと判断した．よって代替分析手法として，以下のデータを従属変数および独立変数として回帰分析をおこなった．

（6）採用した従属変数

　調査における従属変数は「対象自治体における政策決定プロセスにおけるシティマネージャーの役割・権限の大きさ」であるが，これは外部登用された自治体幹部が実際に果たした役割の大きさを指標化することで分析が可能であると考えた．

　具体的には，アンケート調査の問13「外部から登用された行政幹部が政策立案の過程で果たした役割について，あなたのお考えにあてはまるものを1つずつ選んで，○をつけてください」の回答を活用し，問13において設定したネットワークの設計・管理の6つのポイントを踏まえた14のプロセスに関する外部から登用された行政幹部の役割発揮の有無についての回答を，「役割を果たした」を1点，「わからない・どちらともいえない」及び「役割を果たしていない」を0点として最大14点，最低0点として指標化した上で当該指標を標準化変量に変換したものを従属変数として採用した．

（7）独立変数

　独立変数となりうる指標であるが，本分析においては Zhang and Feiock の先行研究を準用し，市長の直接選挙の有無，市長の政治的経験の豊富さ，シティマネージャーの地方政府における管理職経験の長さ，シティマネージャーの専門教育の経験の有無，専門家のネットワークの有無，政治的なリーダーとシティマネージャーの党派性の一致，議員とシティマネージャーの良好な関係構築の有無といった指標を検討した．

　先行研究では，シティマネージャーに調査票を送付し，本人に直接シティマネージャーのデモグラフィック要因に関する回答を求めていたが，本調査においては回答者が自治体職員であり必ずしも自治体幹部ではないこと，外部登用された自治体幹部が過去は着任していたが現在はいないことが想定されることから，外部登用された自治体幹部のデモグラフィック要因について Zhang and Feiock の先行研究と同一の設問回答をさせることは困難であると判断した．

　よって指標については，問 15「外部から登用された行政幹部の信頼性はどのようなところにあると思いますか．あなたのお考えにあてはまるものを 1 つずつ選んで，○をつけてください」という設問を設け，12 の要素についてそれぞれ「あてはまる」，「わからない」，「あてはまらない」のいずれかを回答してもらう形とした．

　なお，12 の要素は「1．行政経験が長いこと」「2．専門教育・資格を保有している」「3．最終学歴が高い」「4．豊富なネットワークを有している」「5．首長との党派性が近い」「6．議会との関係が良好である」「7．地域のしがらみから隔離されている・客観的に判断する立ち位置にある」「8．論理的思考力，合理的判断力に優れている」「9．人当たりがよい，誠実」「10．地元出身である」「11．地域社会に根付いている（地元に居住している，地元に家族がいるなど）」「12．情報発信力に優れている」である．

　これらの設問内容は，先行研究の整理結果等を踏まえて「行政経験の長さなど行政での経験知の豊富さ」「外部登用幹部の高度専門教育や資格保有の有無」「専門家のネットワークの有無とこれらのネットワークを活用した活動経験の豊富さ」「首長との良好な関係性」「議会との良好な関係性」「外部登用幹部が有する論理的思考力・客観的視点」「その他」の項目に類型化しており，これらの項目から分析対象とする変数を検討した（表4-1）．

　「行政経験の長さなど行政での経験知の豊富さ」の項目は，「問 15-1．行政経験が長いこと」とした．分析に当たっては，「あてはまる」を 1 点，「わからない」及び「あてはまらない」を 0 点として指標化した．

　「外部登用幹部の高度専門教育や資格保有の有無」の項目は，「問 15-2．専門教育・資格を保有している」及び「問 15-3．最終学歴が高い」が該当するが，従属変数である「対象自治体における政策決定プロセスにおけるシティマネージャーの役割・権限の大きさ」との相関係数がマイナスである「問 15-2．専門教育・資格を保有している」は変数から除外し，「問 15-3．最終学歴が高い」を採用した．分析に当たっては，「あてはまる」を 1 点，「わからない」及び

表 4-1　独立変数の候補

			独立変数の候補（問 15 の設問項目）
1	行政経験	15-	1.　行政経験が長いこと
2	高度専門教育	15-	2.　専門教育・資格を保有している
		15-	3.　最終学歴が高い
3	経験知・ネットワーク	15-	4.　豊富なネットワークを有している
		15-	12.　情報発信力に優れている
4	首長との関係	15-	5.　首長との党派性が近い
5	議会との関係	15-	6.　議会との関係が良好である
6	論理性・客観性	15-	7.　地域のしがらみから隔離されている・客観的に判断する立ち位置にある
		15-	8.　論理的思考力，合理的判断力に優れている
7	その他	15-	9.　人当たりが良い，誠実
		15-	10.　地元出身である
		15-	11.　地域社会に根付いている（地元に居住している，地元に家族がいるなど）

出所）筆者作成.

「あてはまらない」を 0 点として指標化した.

　「専門家のネットワークの有無とこれらのネットワークを活用した活動経験の豊富さ」の項目は，「問 15-4.　豊富なネットワークを有している」「問 15-12.　情報発信力に優れている」の 2 つが該当するが，従属変数である「対象自治体における政策決定プロセスにおけるシティマネージャーの役割・権限の大きさ」との相関係数がマイナスである「問 15-4.　豊富なネットワークを有している」は変数から除外し，「問 15-12.　情報発信力に優れている」を採用した. その上で，当該設問の回答について「あてはまる」を 1 点，「わからない」及び「あてはまらない」を 0 点として指標化した.

　「首長との良好な関係性」は，「問 15-5.　首長との党派性が近い」を採用した. 分析に当たっては，「あてはまる」を 1 点，「わからない」及び「あてはまらない」を 0 点として指標化した.

　議会と外部登用された自治体幹部の良好な関係構築の有無を示す「議会との良好な関係性」は，「問 15-6.　議会との関係が良好である」の項目を変数とし

て採用し，当該設問の回答について「あてはまる」を1点,「わからない」及び「あてはまらない」を0点として指標化した.

　また，政策形成に必要となる外部登用された自治体幹部の有する問題発見能力と政策型思考に関わるスキルに関する項目である「外部登用幹部が有する論理的思考力・客観的視点」については，「問15-8. 論理的思考力，合理的判断力に優れている」を採用した．なお，当該指標も他の指標と同様に当該設問の回答について「あてはまる」を1点,「わからない」及び「あてはまらない」を0点として指標化した.

　また，最後に先行研究で言及はないものの，外部登用幹部の権威性の拠りど

表4-2　投入変数一覧

大項目	投入変数	根拠
従属変数	外部登用された自治体幹部が政策形成過程において果たした役割・権限の大きさ（標準化変量）	問13「外部から登用された行政幹部が政策立案の過程で果たした役割について，あなたのお考えにあてはまるものを1つずつ選んで，○をつけてください」について「役割を果たした」を1点,「わからない・どちらともいえない」及び「役割を果たしていない」を0点として，指標化した結果を標準化
行政経験	行政経験の長さ	「問15-1. 行政経験が長いこと」について「あてはまる」を1点,「わからない」及び「あてはまらない」を0点として指標化
高度専門教育	最終学歴の高さ	「問15-3. 最終学歴が高いこと」について「あてはまる」を1点,「わからない」及び「あてはまらない」を0点として指標化
経験知・ネットワーク	情報発信に関するノウハウ・ネットワーク	「問15-12. 情報発信力に優れている」について「あてはまる」を1点,「わからない」及び「あてはまらない」を0点として指標化
首長との関係	首長との党派性が近いこと	「問15-5. 首長との党派性が近い」について「あてはまる」を1点,「わからない」及び「あてはまらない」を0点として指標化
議会との関係	議会との関係が良好であること	「問15-6. 議会と良い関係を有している」について「あてはまる」を1点,「わからない」及び「あてはまらない」を0点として指標化
論理性・客観性	論理的思考力・合意的判断力に優れていること	「問15-8. 論理的思考力，合理的判断力に優れている」について「あてはまる」を1点,「わからない」及び「あてはまらない」を0点として指標化
その他	人当たりが良い，誠実	「問15-9. 人当たりが良い，誠実」について「あてはまる」を1点,「わからない」及び「あてはまらない」を0点として指標化
	地域社会に根付いている（地元に居住など）	「問15-11. 地域社会に根付いていること（地元に居住している，地元に家族がいるなど）」について「あてはまる」を1点,「わからない」及び「あてはまらない」を0点として指標化

出所）筆者作成.

表 4-3　記述統計量

	最小値	最大値	平均値	標準偏差
外部登用された自治体幹部が政策形成過程において果たした役割・権限の大きさ	−2.3	1.3	0.0	1.0198
行政経験	0.0	1.0	0.6	0.5040
高度専門教育	0.0	1.0	0.1	0.3260
経験知・ネットワーク	0.0	1.0	0.2	0.4020
首長との関係	0.0	1.0	0.4	0.4850
議会との関係	0.0	1.0	1.0	0.1960
論理性・客観性	0.0	1.0	0.9	0.3680
人当たりが良い，誠実	0.0	1.0	0.2	0.4020
地域社会に根付いている（地元に居住など）	0.0	1.0	0.7	0.4520

出所）筆者作成.

ころとなる可能性のある指標として，「問 15-9．人当たりがよい，誠実」「問 15-10．地元出身である」「問 15-11．地域社会に根付いている（地元に居住している，地元に家族がいるなど）」を設定した．

　これらの指標のうち，相関係数がマイナスであった「問 15-10．地元出身である」を変数から除外し「問 15-9．人当たりがよい，誠実」及び「問 15-11．地域社会に根付いている（地元に居住している，地元に家族がいるなど）」を採用した．なお，当該指標も他の指標と同様にそれぞれの設問の回答について「あてはまる」を 1 点，「わからない」及び「あてはまらない」を 0 点として指標化した．

　以上の整理によって，分析に用いる変数の候補が揃った．本分析において採用した変数は**表 4-2**，記述統計量は**表 4-3** のとおりである．

（8）外部人材の権威性・信頼性を判断する要素

　実証分析に入る前に，調査対象自治体は，外部人材の権威性・信頼性を判断するために重要な要素をどのようなものであると認識しているかについて，アンケート調査結果から整理したい．**表 4-4** は，自治体幹部の外部からの登用経

験の有無に関わらず，対象自治体に対して「問16　外部から登用された行政幹部の信頼性を判断するにあたって重要な要素について，あてはまるものをお答えください．（○は3つまで）」という設問について回答を得たものである．

　全体では，「豊富なネットワークを有していること」(35件，29.4%) が最も多く，次いで「論理的思考力，合理的判断力に優れていること」(29件，24.4%)，「専門教育，資格を有していること」(16件，13.4%)，「地域のしがらみから隔離されている・客観的に判断する立ち位置にあること」(16件，13.4%) の順となっている．

　また，人口5万人以上の自治体では，「豊富なネットワークを有していること」(22件，29.7%) が最も多く，次いで「論理的思考力，合理的判断力に優れていること」(17件，23.0%)，「専門教育，資格を有していること」(12件，16.2%) の順となっており，概ね全体と同じ結果となった．

　一方，人口5万人未満の自治体では，「豊富なネットワークを有していること」(13件，28.9%) が最も多く，次いで「論理的思考力，合理的判断力に優れていること」(12件，26.7%)，「地域のしがらみから隔離されている・客観的に判断する立ち位置にあること」(8件，17.8%) の順となった．

　また，人口5万人以上の都市と人口5万人未満の都市で比率が大きく異なる（5ポイント以上差のある）項目をみると，人口5万人以上の都市の方の比率が高い項目は「行政経験が長いこと」「専門教育，資格を有していること」であり，人口5万人未満の都市の方の比率が高い項目は「地域のしがらみから隔離されている・客観的に判断する立ち位置にあること」であった．

　アンケート調査結果からは，都市の規模に関わらず「豊富なネットワークを有していること」「論理的思考力，合理的判断力に優れていること」といった政策形成能力に関するスキルをあげる回答が多いことが整理された．

　これらは，Zhang and Feiock が主張する「非制度的要因が，シティマネージャーの政策形成過程における影響力行使に影響を与える」という主張に沿うものであり，また，人口5万人以上の都市では，人口5万人未満の小規模都市

表 4-4　外部から登用された行政幹部の信頼性を判断するにあたって重要な要素
（全体，人口規模による整理）

	全体（n = 43）	人口5万人以上 （n = 26）	人口5万人未満 （n = 17）
行政経験が長いこと	7 5.9%	6 8.1%	1 2.2%
専門教育・資格を保有している	16 13.4%	12 16.2%	4 8.9%
最終学歴が高い	0 0.0%	0 0.0%	0 0.0%
豊富なネットワークを有している	35 29.4%	22 29.7%	13 28.9%
首長との党派性が近い	1 0.8%	1 1.4%	0 0.0%
議会との関係が良好である	0 0.0%	0 0.0%	0 0.0%
地域のしがらみから隔離されている・客観的に判断する立ち位置にある	16 13.4%	8 10.8%	8 17.8%
論理的思考力，合理的判断力に優れている	29 24.4%	17 23.0%	12 26.7%
人当たりが良い，誠実	6 5.0%	5 6.8%	1 2.2%
地元出身である	1 0.8%	0 0.0%	1 2.2%
地域社会に根付いている（地元に居住している，地元に家族がいるなど）	1 0.8%	0 0.0%	1 2.2%
情報発信力に優れている	7 5.9%	3 4.1%	4 8.9%

出所）筆者作成.

と比較して「行政経験が長いこと」「専門教育，資格を有していること」といった非制度的要因を外部登用した自治体幹部の権威性・信頼性を判断する重要な要素として意識していることが整理された.

　一方，規模の小さい都市は，「地域のしがらみから隔離されている・客観的に判断する立ち位置にあること」といった地域を知悉する職員特有の悩みであ

る「地域のしがらみによって合理的判断をしづらい状況」を打破できる立場を有していることを重要な要素としていることが整理された.

また，この設問を地方自治体の外部人材を自治体幹部として登用した経験の有無で整理したものが**表 4-5** である．外部人材の登用経験がある地方自治体は，「豊富なネットワークを有していること」（22 件，27.8%）が最も多く，次いで「論理的思考力，合理的判断力に優れていること」（17 件，21.5%），「地域のしがらみから隔離されている・客観的に判断する立ち位置にあること（12 件，15.2%）」，「専門教育，資格を有していること」（11 件，13.9%）の順となっている.

一方，外部人材の登用経験のない地方自治体は，「豊富なネットワークを有していること」（13 件，31.7%）が最も多く，次いで「論理的思考力，合理的判断力に優れていること」（12 件，29.3%），「専門教育，資格を有していること」（5 件，12.2%）の順出であった.

母集団の数が少ないため頑健なエビデンスとして説明するには至らないものの，アンケート調査結果の傾向としては，外部人材の登用経験のない地方自治体は，外部登用人材のもつ専門性やノウハウ，ネットワークなどをリーダーシップ発揮の重要な要素と認識していた.

一方で，外部人材の登用経験がある地方自治体は，外部登用人材のもつ専門性やノウハウ，ネットワークなどを重視するほか，「地域のしがらみから隔離されている・客観的に判断する立ち位置にあること」といった「問題の明確化と明確な目的の設定」や「合意形成メカニズムの設定」といったネットワークの設計・管理における重要なポイントに必要となる能力を重要と認識していることが読み取れた.

（9）実証分析

前述した分析をおこなう変数の整理を踏まえ，以下では，条件不利地域に立地する中小規模の基礎自治体において外部登用された行政幹部のリーダーシップ発揮の拠りどころとなる正統性・権威性について考察した.

表4-5　外部から登用された行政幹部の信頼性を判断するにあたって重要な要素
（外部人材登用経験の有無による整理）

	外部人材登用経験有り (n = 27)	外部人材登用経験無し (n = 15)
行政経験が長いこと	6 7.6%	1 2.4%
専門教育・資格を保有している	11 13.9%	5 12.2%
最終学歴が高い	0 0.0%	0 0.0%
豊富なネットワークを有している	22 27.8%	13 31.7%
首長との党派性が近い	1 1.3%	0 0.0%
議会との関係が良好である	0 0.0%	0 0.0%
地域のしがらみから隔離されている・客観的に判断する立ち位置にある	12 15.2%	4 9.8%
論理的思考力，合理的判断力に優れている	17 21.5%	12 29.3%
人当たりが良い，誠実	3 3.8%	3 7.3%
地元出身である	1 1.3%	1 2.4%
地域社会に根付いている（地元に居住している，地元に家族がいるなど）	0 0.0%	1 2.4%
情報発信力に優れている	6 7.6%	1 2.4%

出所）筆者作成.

　具体的には，「外部登用された自治体幹部が実際に政策形成過程において果たした役割・権限の大きさ」を従属変数として，行政経験の長さなど行政での経験知の豊富さ，外部登用幹部の高度専門教育や資格保有の有無，専門家のネットワークの有無とこれらのネットワークを活用した活動経験の豊富さ，首長との良好な関係性，議会との良好な関係性，外部登用幹部が有する論理的思考

力・客観的視点，そしてその他の項目として地域社会に根付いていること，地元出身であることを独立変数として重回帰分析を通常最小二乗法でおこなった．実証結果は**表4-6**のとおりである．

　実証の結果，F値は1％有意の水準にあり，自由度調整済決定係数は，0.523であった．また，当該モデルについて，1％または5％の水準で有意でありかつ符号が一致している変数は専門家のネットワークの有無とこれらのネットワークを活用した活動経験の豊富さ（経験知・ネットワーク）であった．

　次に，個別の変数について整理をおこなう．まず，「行政経験の長さなど行政での経験知の豊富さ」であるが，Dunn and Legge が主張していた行政官がもつ固有の特性よりも行政官の経験的変数が重要であるという点について，本分析では有意な水準にならなかった．

　「外部登用幹部の高度専門教育や資格保有の有無」についても有意な水準にならなかった．先行研究では，シティマネージャーの専門教育の経験（MPA学位取得）などが政策形成におけるシティマネージャーの役割の大きさに影響を

表4-6　重回帰分析結果

	偏回帰係数	標準化偏回帰係数	p 値	判定
（定数）	−2.840		0.003	＊＊＊
行政経験	0.582	0.287	0.150	
高度専門教育	0.481	0.154	0.334	
経験知・ネットワーク	1.575	0.699	0.001	＊＊＊
首長との関係	−0.063	−0.025	0.876	
議会との関係	−0.086	−0.041	0.800	
論理性・客観性	1.141	0.219	0.223	
人当たりが良い，誠実	0.071	0.026	0.889	
地域社会に根付いている（地元に居住など）	0.945	0.372	0.039	
F値		4.43		＊＊＊
調整済決定係数		0.523		
標本数		26		

注1）従属変数：外部登用された自治体幹部が政策形成過程において果たした役割・権限の大きさ.
注2）＊＊＊：1％有意，＊＊：5％有意.
出所）筆者作成.

与えている［Zhang and Feiock 2009］ほか，地方自治体をテーマとした MPA プログラムにおける専門知識とコミュニケーション能力養成の重要性を主張している［Zhang, Lee and Yang 2012］ものもあったが，本分析においては両者の主張に沿う結果にはならなかった．

　この点については，日本の自治体幹部の登用において公共政策領域の学位が重視されていないことなども要因としてあげられるのではないかと想定されるが，アンケート調査において外部登用された自治体幹部の学歴を問う設問は設定がなかったこともあり，要因は明確にはできなかった．

　「専門家のネットワークの有無とこれらのネットワークを活用した活動経験の豊富さ」は 1 ％水準で有意となっている．民間の競争環境が十分に見込めない経済条件の厳しい地域における地域産業政策の展開に際しては，内発的発展要素を誘発するための活動が求められることが多いが，専門家がネットワークを有し，かつそのネットワークを活用した活動経験を有していることは，登用された自治体においてリーダーシップを発揮するために重要な要素であると想定される．

　「首長との良好な関係性」および「議会との良好な関係性」については，Zhang and Feiock がシティマネージャーのリーダーシップ発揮に影響を与えている非制度的要因としてあげているほか，Dunn and Legge も政策の一致する公選職の存在や公選職との良好な信頼関係の重要性を主張しているが，本分析においてはいずれも有意な水準とはならなかった．

　この点については，日本と米国の地方自治体の政府形態の違いに起因しているのではないかと考える．

　日本の地方自治体の政府形態は，議事機関である議会の議員と執行機関である首長を別々に直接選挙で選出する二元代表制を採用している．二元代表制は，議事機関である議会と執行機関である首長が権力を分立し，抑制均衡を保ちながら自治体運営を進めていくことを特徴としており，日本の制度は首長優位・強首長型の制度であると言われている［佐々木 2009］．その大きな要因は，予算

調製権が首長に付与されていることであり，地方自治法第149条では，首長の管理・執行権限として議案の提出，予算の調製と執行，地方税の徴収など9つがあげられている．

　一方，議会は，地方自治法第112条で議案提案権はあるとされているが予算に関わる議案提出権はないなど，予算編成に係る権限は首長に独占されている状況にある．議会は地方自治法第96条に定めのあるとおり，予算，条例，決算，その他主要な契約などの意思決定権者ではあるものの，実態としては相対的に首長が強いリーダーシップを発揮しやすい状況にある［佐々木 2009］．

　また，議会と自治体幹部の関係においても，議会がシティマネージャーを任命する米国の市支配人制と違い，日本の政府形態では自治体幹部の任命は首長がおこなうことから，議会運営上，議会と外部登用された自治体幹部の良好な関係構築は必要であるとしても，議会との関係の深さが自治体幹部のリーダーシップ発揮における役割の大きさに影響を与えることはないものと想定される．

　自治体幹部の有する問題発見能力と政策型思考に関わるスキルとしてあげた「外部登用幹部が有する論理的思考力・客観的視点」についても有意な水準とならなかったほか，先行研究で言及はないものの，外部登用幹部の権威性の拠りどころとなる可能性のある指標として抽出した「地域社会に根付いていること」，「地元出身であること」の項目についてもいずれも優位な水準にはならなかった．

　以上の分析結果より，条件不利地域において，外部登用された自治体幹部が政策形成過程において果たす役割・権限の大きさに最も大きな影響を与える要素は，「専門家のネットワークの有無とこれらのネットワークを活用した活動経験の豊富さ」であることが整理された．

第4節　外部登用人材のリーダーシップ発揮に影響を与える要素

　本章では，政策形成過程，特にネットワークの設計・管理のうち「問題の明確化と明確な目的の設定」および「合意形成メカニズムの設定」のプロセスにおいて大きな役割を果たしている行政組織の外部から登用された行政幹部のリーダーシップ発揮に影響を与えている要素，その権威性・正統性について考察を試みた．本分析を踏まえた結論は以下のとおりである．

　第1に，アンケート調査結果から，地方自治体職員は，外部登用された自治体幹部が発揮するリーダーシップの要素について，「豊富なネットワークを有していること」,「論理的思考力，合理的判断力に優れていること」,「専門教育，資格を有していること」といった外部人材のもつ政策展開に必要なネットワークやノウハウ，専門知識といった非制度的要因にあると考えていることが整理されたことである．

　この傾向は，地方自治体の人口規模や地方自治体の外部人材登用経験の有無に関わらず概ね同じであったが，人口規模の小さい地方自治体や，外部人材を幹部として登用した経験を有する地方自治体は，「地域のしがらみから隔離されている・客観的に判断する立ち位置にあること」といった政策形成過程における議論を冷静に判断できる立場があることが，リーダーシップ発揮において大きな影響力をもつとした認識がより強いことが特徴として整理された．

　第2に，実証分析により，外部登用された自治体幹部が政策形成過程において発揮するリーダーシップに強い影響を与える要素は，専門家のネットワークの有無とこれらのネットワークを活用した活動経験の豊富さであることが整理されたことである．

　これは，非制度的要因が政策形成におけるシティマネージャーの役割の大きさに影響を与えており，専門教育の経験と専門家のネットワークによって獲得

される政策形成能力（知識やスキル）がシティマネージャーの政策形成における
影響力行使の一助となっていると主張する Zhang and Feiock の主張に沿うも
のとなっている．

　よって，日本においても，外部登用された自治体幹部のデモグラフィック要
因よりも行政官としての経験的変数が政策形成過程において役割を果たすにあ
たって重要な要素となることが考察された．

　第3に，本調査の分析結果は Zhang and Feiock の主張に概ね沿うものでは
あったが，Dunn and Legge が主張する行政官がもつ固有の特性よりも行政官
の経験的変数が重要であるという主張や，Zhang and Feiock が主張していた
専門教育の経験という要素，地方自治体をテーマとした MPA プログラムにお
ける専門知識とコミュニケーション能力養成の重要性を主張した Zhang, Lee
and Yang の主張については合致しなかったという点である．

　Zhang, Lee and Yang は，自治体幹部のリーダーシップ発揮に求められる能
力はコミュニケーション能力（傾聴，妥協，交渉）と専門知識（予算・財務管理，IT
知識，調査・分析ノウハウ）であるとしており，これは真山や田中が主張する政策
形成能力と一致している．Zhang, Lee and Yang は地方自治体をテーマとした
MPA プログラムにおいてこれらの能力養成を進めることが重要としているが，
本調査においては当てはまらなかった．

　田村［2006］は，調査対象自治体（市町村）の自治体ナンバー2（調査当時は助
役）の学歴は，高卒が32.6％，短大卒が4.4％，大卒が60.7％であり，助役の大
半が公共政策領域の大学院等の専門教育を受けているとは言い難い状況にある
と指摘しているが，分析結果を踏まえると，日本においては実態として MPA，
MPM などの公共政策領域の専門教育が自治体幹部のキャリアパスになってい
るとは言い難い．

　これは，田村が主張するように，自治体幹部として求められる資質・能力が
欧米諸国のそれと異なっているということであると考えられる．また，本調査
結果の全投入モデル（モデル1）では公共政策領域の専門教育の有無ではなく，

「外部登用された自治体幹部の行政経験」や「首長の政治経験の長さ」といった要素が 10％水準で有意であったという点からも，専門教育の有無ではなく「政治経験の長い首長の政治的リーダーシップ」と「豊富な行政経験」が，日本においては自治体幹部が政策形成過程で大きな役割を果たすために重要な要素であると整理できるのではないかと考える.

　本章における定量分析結果は以上のとおりであるが，いくつかの課題も存在する.

　第1に，本調査においては分析データの母集団が十分とは言えなかったという点である.

　本調査は，民間の競争環境が十分に見込めない条件不利地域を対象として研究をしているため，金本と徳岡の都市雇用圏の中心都市 97 自治体を対象として抽出したが，アンケート調査の回収数は 43 自治体に留まった. また，日本では自治体幹部の外部登用が必ずしも進んでいない状況もあり，アンケート調査回答の 43 自治体のうち外部人材の自治体幹部登用の経験数は 26 と分析データの量としては十分とは言い難かった.

　本来は Zhang and Feiock の研究と同様の手法により自治体幹部の政策への影響力の予測を試みようとしたが，結果として当該分析手法をおこなうのに十分なサンプル数を確保できなかった. 本分析では Zhang and Feiock が設定した従属変数の代理変数を設定することにより重回帰分析の手法を用いて分析を実施したが，本来は Zhang and Feiock と同様の分析手法を用いて，その研究結果の日本への受容性を検証することが望ましいと考える.

　第2に，本アンケート調査はあくまで回答者の主観的評価にすぎないという点である. 本調査においては，回答者である自治体職員の回答のしやすさを勘案して指標となる情報の抽出をおこなったが，本調査で抽出した外部登用された自治体幹部の役割の大きさとリーダーシップ発揮の要素を表す客観的な指標として何が望ましいのか，採用したデータや設問の方法などについての改善の余地がなかったか検証すべきである点については今後の課題である.

　第3に，自治体ナンバー2の外部登用の制度自体が基礎自治体，特に人口規模が小さい市町村においては一般的とは言えないこともあり，体系的かつ継続的に分析をおこなっているとは言い難い状況にあるという点である．

　今回は，調査対象を「現在自治体幹部の外部登用をしている基礎自治体及び過去に幹部を外部登用した経験のある基礎自治体」として自治体幹部本人では無く行政担当者にアンケート調査表を送付し回答をしてもらった．しかし本来は，行政側の担当者だけでなく登用幹部本人の意識なども調査対象とすべきであり，また継続的にデータ取得と分析をおこないながら定点分析を実施することが望ましいと考える．

　このように，本分析では，収集されたサンプル数による分析の制約・限界や今後の課題はあるものの，人口1～10万人規模の条件不利地域に立地する基礎自治体から収集した43サンプルのデータは，重回帰分析のサンプル数としては一定の妥当性はあるものと考える．また，本調査におけるアンケート調査回答率は44.3%と高水準であり，本テーマにおける地方自治体の関心の高さがうかがえる．今後の継続的なデータ収集や望ましい分析指標の検討などを継続的に進めていくことにより，本調査の制度はより精緻なものになっていくものと思われる．

　以上，いくつかの課題はあるものの，本分析では，条件不利地域に立地する基礎自治体において，専門家のネットワークの有無とこれらのネットワークを活用した活動経験の豊富さといった非制度的要因が，政策形成における外部登用幹部の影響力行使の一助となっているということが明らかになった．

　日本の地方自治体においては外部人材の活用は限定的である．しかし，地方分権が進み独自政策の展開が求められ，また行政ニーズが多様化し自治体の守備範囲が拡大を続ける状況において，戦略的な人材の確保・活用は政策展開に大きな影響を与える重要なポイントである．米国においては，輻輳した行政課題に対応する過程において公選職と重複する役割を担うようになったシティマ

ネージャーは，専門教育や専門家のネットワークによって獲得される政策形成
能力といった非制度的要因を拠りどころとして大きな影響力を発揮しているこ
とが Zhang and Feiock によって主張されている．

　日本の地方自治制度は米国と大きく異なるものの，日本の基礎自治体におけ
る外部登用幹部も，米国のシティマネージャーと同様に，リーダーシップが求
められる分野に対して高い専門性を背景として責任と権限を発揮し首長を補佐
する役割を担っていることが，アンケート調査結果や実証分析からも明らかに
なった．

　本分析は，サンプル数などの限界を踏まえて，非構造化インタビュー等を含
めた追加調査による頑健な因果関係確認の必要があると考えるものの，非制度
的要因と政策形成過程において果たす役割との間に一定の因果関係があること
が確認できるものであり，Zhang and Feiock の主張は日本においても受容さ
れうると考えられる．

　しかしながら，人口規模の小さい基礎自治体においては自治体幹部の外部登
用は一般的とは言えない．このような状況において，内閣府は政府主導による
外部人材マッチングの制度を運用している．[3] 政府が主導して人材マッチングを
おこなうという政策は，ある意味極めて日本的ではあるものの，外部人材登用
のノウハウやルートに乏しく人口規模の小さい基礎自治体にとっては有用な制
度であり，外部人材登用を広めていくためには現時点ではやむを得ない側面が
あるものと思われる．

　今後，外部人材の自治体幹部登用が広く浸透することが想定される状況下，
本分析はより長期的な視点で継続的に検証されるべきものと考える．

注

1) 国際シティマネージャー協会：International City/County Management Association.
2) フロリダシティマネージャー協会：Florida City and County Management
　　Association.
3) 回答数は 44 件であったが，うち 1 件は全問未回答であり，有効回答数は 43 件であっ

　た．

4）回答数は 27 自治体であったが，本章に関する設問に未回答の自治体が 1 自治体あっ
　　たため，分析に際しての有効回答数は 26 自治体であった．

5）令和 3 年度からの民間人材派遣制度については人口要件が大幅に緩和され，指定都市
　　以外はマッチングが可能となっている．

終　章

地方都市の経済成長に求められる
自治体行政のあり方

第 1 節　考察したテーマの振り返り

　本書は，地域産業政策という政策領域を題材として，条件不利地域に立地する中小規模の基礎自治体の持続的な成長に求められる自治体行政のあり方を，近年登用が進んでいる自治体幹部として登用された外部人材の意義と役割という視点から論じた．

　第1章では，多くの研究領域において概ね認識が一致している内発的発展論について，条件不利地域における地域産業政策に存在する理想と実態のギャップに注目し，行政学の視点から地域の成長・発展に寄与する要素について統計情報等を活用した計量的研究を試みた．分析の結果，条件不利地域においては先行研究において主張されていた内発的発展の重要な要素の多くが，単独では実際の地域産業政策の成果としての地域の成長・発展を必ずしも説明できていないという，内発的発展論の本質的な課題が示された．

　そして，条件不利地域においては，官治主義的で外発的との批判の多い地方創生政策ではあるものの，地域外の資源を活用して地域の成長・発展を誘導するという仕組み自体には効果があることが整理された．

　第2章では，前章の計量的分析を踏まえつつ，条件不利地域において，行政が積極的に政策介入をおこなうと地域の活性化が進むのかという点について，既存の先行研究結果等を紹介しつつ統計情報などを活用して複数の視点から考

察をおこなった.

これらの先行研究及び計量的分析から，（1）積極行政が結果としてその後の民間の主体的な経済活動を誘発し自立的な地域の成長が実現しうること，（2）条件不利地域においては積極行政がその後の民間の主体的な経済活動を誘発するとはいうものの，その効果は期待されるほどは大きくはないこと，（3）地域の成長の実現に向けて行政が積極的なイニシアチブを発揮することへの期待は大きいこと，が明らかになるとともに，条件不利地域の成長には行政が積極的である必要があることが整理できた.

第3章では，条件不利地域に立地する基礎自治体において外部登用された行政幹部人材がどのような役割・機能を果たしたのかについて，対象自治体へのアンケート調査結果をもとに考察をおこなった.

政策展開においては都市の規模が大きい自治体は，地域の内発的発展要素が誘発されていないことを課題と認識しており，都市の規模が小さい自治体は，内発的発展要素が誘発されていないことに加えて行政側の行政組織における推進体制の脆弱性を課題として認識されていた．これは，Zhang and Yang および Zhang and Feiock の主張を裏づけるものであり，都市の規模が大きい自治体は誘発されていない地域の内発的発展要素への対応のため，都市の規模が小さい自治体は行政組織における推進体制の脆弱さへの対応のために外部人材を自治体幹部として登用していることが整理された.

また，外部から登用された行政幹部は，ネットワーク・ガバナンスの設計に主導的な役割を果たしているとともに，これまでの自治体が最も苦手にしてきた「探索型問題解決のためのイニシアチブ発揮」を外部人材に期待していることが整理された.

第4章では，外部登用人材が自治体幹部として受け入れられ，リーダーシップを発揮する源泉となる信頼の拠り所，その権威性について計量的分析を試みた．分析にあたっては Zhang and Feiock が米国の市支配人制を採用する地方政府を題材に実施した，シティマネージャーが政策形成において影響力行使を

可能とする要因についての分析手法の枠組みを参考にし，「市長の政治経験，シティマネージャーの専門性などの非制度的要因が，議会（公選職）がシティマネージャーに政策形成の影響力を行使することを許可する可能性に影響を与える」という Zhang and Feiock の主張は日本においても受容されるのか，という点について，アンケート調査結果を活用して定量的分析を試みた．

　分析の結果，地方自治体は外部登用された自治体幹部のリーダーシップ発揮に影響を与えている要素は外部人材のもつ専門家のネットワークを活用した活動経験の豊富さといった非制度的要因であった．これは Zhang and Feiock の主張に概ね沿うものであり，日本においても外部登用された自治体幹部のデモグラフィック要因よりも，行政官としての経験的変数が政策形成過程において役割を果たすにあたって重要な要素となることが考察された．

　以上の結果から，地方都市の経済成長に求められる自治体行政のあり方及び自治体外部登用人材の意義と役割について，以下の３つの結論が導かれる．

　まず第１に，競争環境が存在する大都市圏以外の地域においては内発的発展要素のみでは地域の成長・発展は難しく，外部人材登用といった地域外資源の導入・活用するという視点が重要であるという点である．

　産業構造論・産業立地論の視点からの批判も存在する内発的発展論であるが，本書においても内発的発展論の本質的な課題が示されたのではないかと考える．そして，官治主義的で外発的との批判の多い地方創生政策ではあるものの，地域外資源を活用して地域の成長・発展を誘導するという仕組みは条件不利地域の経済成長に有効であると考えられる．

　第２に，行政による補助金等のビッグプッシュ効果は限定的であるものの，条件不利地域において地域産業政策における行政の積極介入への期待は依然として大きいことである．近年広く認知されているネットワークによるマネジメントの時代においても，依然として行政の役割は相応に大きく，イニシアチブを発揮しながら行政の守備範囲を超える活動量を回避するために住民や企業の

期待のコントロールをすることが必要である.

　その一方で，地域産業政策に積極的に介入することへの重要性は認識するものの，局所的なイノベーション政策はかえって基礎自治体周辺地域に負の効果をもたらすことがあること，補助金等のビックプッシュ戦略自体が長続きしないこと，政策担当者が有望な企業を見極め予測することは無理難題に等しいことなどの課題もあり，行政が果たす事のできる役割は想定以上に小さいことが整理された.

　そして第3に，外部登用人材には人材が有する専門家のネットワークを活用した活動経験の豊富さといった非制度的要因を拠りどころとして，探索型問題解決のためのイニシアチブ発揮が期待されていることである.

　アンケート調査結果からは，外部から登用された行政幹部はネットワーク・ガバナンスの設計に主導的な役割を果たしており，外部人材のもつ政策展開に必要なネットワークやノウハウ・専門知識といった非制度的要因を拠りどころとして，行政がこれまで最も苦手にしてきた探索型問題解決のための政策提言や合意形成の仕組みを作るためのプロセスにおけるイニシアチブ発揮を外部人材に期待していることが整理された.

第2節　地方都市の経済成長に求められる自治体行政のあり方

（1）責任と統制の視点からみた自治体行政

　自治体行政における責任について真山［2017：29］は，「自治体は住民の意向やニーズに対して的確に応えるような政策を展開し，その政策が実際に住民の期待に応え地域の福祉の向上に寄与していることを証明できなければならない」と述べている.

　Gilbert［1959］は，行政責任を外在的・制度的統制（議会，司法による統制），内在的・制度的統制（予算統制，人事管理），内在的・非制度的統制（倫理観，公務のもつ代表性，専門性），外在的・非制度的統制（市民参加・活動，圧力団体，マスコミ）

の４つに類型化しているが，真山 [2017] は Gilbert の枠組みのうち内在的・非制度的カテゴリーに着目し，内在的・非制度的行政責任を果たすために必要となるのがプロフェッショナリズムであるが，行政事務における専門性は曖昧であると述べている．

行政職員の専門性は，調整能力を有していること，法令に精通していること，過去の経緯や慣例・慣行を熟知していること，現場の実態を熟知していることであるとしているものの，多くの自治体や職員自身も現場の重要性を自覚していなかったことから寄って立つ専門性が弱く，そのような状況では内在的・非制度的な行政責任は機能しないとしている．

そして真山 [2017] は，橋下市政下における大阪市を事例に，Gilbert の示す４つの行政統制手段が正常に機能していることが重要であると主張するとともに，職員が一定の範囲でニーズを把握しそれに応える努力をする，特徴的な問題を抽出してその解決方策を模索する，といった内在的・非制度的統制を自治体全般として果たすことが求められるとしている．

大杉 [2017] は，自治体職員組織における組織風土を，組織の自律性が高いか（率先・自律）低いか（指示待ち・依存），組織の柔軟性が高いか（柔軟），低いか（硬直）によって政策企業型，忠誠追随型，萎縮沈滞型，前例踏襲型の４つに類型化している．

そして，政策企業型について，地域課題の解決に向けて新規施策の立案や政策刷新に積極的に取り組もうとする政策企業家集団精神（policy entrepreneurship）に富んだ職員集団によってリードされるような組織風土をもつ組織 [大杉 2017：56] と定義し，政策企業型の組織風土を有する職員集団が首長－職員関係において有効ではないかと主張している [大杉 2017]．

また，自治体行政における機能的責任のあり方について，（1）高度な専門的知見を具体的な課題解決に活用しつつも住民とのインターフェイスを拡充して職員集団に住民サイド（地域社会）へ参加するという行動様式を浸透させること，（2）複数の異なる分野の専門家を組み合わせること（専門知の複線化）により非

独占化と近視眼的で・狭隘な思考の排除を進めること，（3）適切な専門性を確保すること，としている［大杉 2017］．

　村上［2017］は，行政におけるスペシャリストの責任・統制について，（1）自治体レベルでは対人サービスの比重が高いことから第一線公務員であるスペシャリストが多く，専門職集団は中立性・公平性を保ちながら専門的な知識・技能を活かした職務遂行が期待されていること，（2）一方で，スペシャリストは特定の分野に専門性をもつことから情報の非対称性が強くなりやすく，独善や閉鎖性といったエージェンシー・スラックが生じる危険性があることなどを課題としている．

　その上で，本来発揮されるべき官僚の専門性の喪失や劣化を避けるために，行政内部のジェネラリストとの連携や抑制均衡を意図した人事運用・業務分担といった外圧的統制によらない官僚制内部での統制メカニズムの必要性について主張している．

（2）地方都市の経済成長に求められる自治体行政のあり方について

　先行研究からは，条件不利地域の内発的発展を実現するためには，（1）住民ニーズに的確に応えるような政策を展開するためには，行政内部のジェネラリストとの連携や抑制均衡を意図した人事運用・業務分担といった統制メカニズムがポイントとなること，（2）リーダーシップを発揮する行政内部のジェネラリストにはネットワークやノウハウといった非制度的要因を拠りどころとして，探索型問題解決のためのイニシアチブ発揮が期待されていることが整理された．これらの点は，結局のところ行政の政策形成能力を高めていくためにはどのような枠組みを構築すべきか，という点に収斂される．

　真山［2001］は，政策形成過程に必要な能力を備え，かつ合規性・能率性といった手続的責任と目指す目的と結果に対する責任・有効性といった内容的責任を高いレベルで確保できるような知識と能力を備えた行政職員を「政策人」と定義しているが，政策人を内部に擁する組織にするためには多くの困難が存在

する.

　真山［2001］は，政策人を内部に擁する組織にするためには職員の意識改革が必要であり，そのためには（1）組織を加点法の評価に切り替えて積極的な問題提起や解決策を提案する組織とすること，（2）組織の中で自由にものが言える環境を創っていくこと，（3）科学的・合理的な分析に基づいて建設的な提案がなされることが重要であるとしている.

　しかし，このような組織風土を内部における意識改革のみで構築することができるのかという点は極めて難しい.　よって，外部人材を活用して組織変革をはかるということが試みられるのであるが，実証研究を踏まえると，リーダーシップを発揮する行政内部のジェネラリスト，つまり副首長といった行政幹部を外部登用することには一定の効果があることが整理できる.

　外部登用人材が自治体幹部として自身のもつネットワークやノウハウといった非制度的要因を拠りどころとして，探索型問題解決のためのイニシアチブを発揮することについては，受け入れている行政組織としても大きな期待を寄せており，また行政幹部として外部登用人材を受け入れている自治体は，地域の成長が実現していることが実証分析から明らかになったことからも，自治体外部登用人材の意義と役割は大きいと言えよう.

　一方，アンケート調査結果では，行政幹部の外部登用は約半数の自治体に留まっていた.　また，「以前はいたが今はいない」とする基礎自治体も相応に存在した.　行政幹部の外部登用が進んでいるのであれば，継続して登用されるはずであるが，継続していないという点を踏まえると，行政幹部の外部登用が必ずしも積極的な評価を得ているとは限らない状況も垣間見える.

　また，田村［2006］が実施した自治体ナンバー2のあり方の研究における自治体の特別職（当時は助役）の経歴調査では，人口20万人未満の基礎自治体においては特別職として登用された人材の66.7%，基礎自治体全体では65.2%が自治体内部人材であった.　これらを踏まえると，人材を受け入れる側である基礎自治体，特に小規模自治体において外部人材の幹部登用は依然として一般

的であるとは言えない状況にある．田村［2018］は，人口減少が本格化する状況
下，地方議員のみならず地方公共団体の職員さらには首長のなり手が確保でき
なくなる団体が生じる可能性は否定できないと指摘している．特に人口規模の
小さな自治体においては地元の知恵だけでは限界があり，外部人材の有効活用
を担保できる制度設計が中長期的に必須であるとしている．そしてイギリスの
チーフエグゼクティブやアメリカのシティマネージャーなどを参照しつつ，日
本の地方公共団体に相応しい制度設計をするべきであると主張する．

　以上を踏まえると，日本の基礎自治体，特に中小規模の自治体において積極
的に外部人材を行政幹部として登用し活用することが必要であると考えられる．
しかし，自治体において外部人材を行政幹部として登用し活用するためには，
いくつかのハードルが存在する．

　以下では，日本の中小規模の基礎自治体において外部人材を行政幹部として
登用し活用するために構築すべき枠組みについて，（1）外部人材の確保，（2）
外部人材登用の仕組みを支える人材育成，（3）政策人が活躍できる組織運営の
仕組みの3点から整理・提言したい．

（3）提言1：基礎自治体における外部人材（幹部）登用の仕組み構築の　　　必要性

　田村［2018］は，日本にシティマネージャーという仕組みを導入するとした
場合の課題として人材の確保をあげている．そして，アメリカのようにICMA
に加入する専門人材を中心とした人材市場が確保されている国においても，人
材登用に際して民間企業との競合が起こり，特に報酬等の登用条件によって有
為な人材が集まりにくくなっているとの指摘もある中，日本のように人材市場
の流動性が高まらない状況下で，果たして小規模自治体で行政の専門家を確保
できるのかといった課題があるとしている．

　また，丸山［2017］が小規模自治体において人材の外部登用が進まなかった
点について，（1）外部登用自体が属人的な場合が多く制度として未確立のため，

特にチャネルの乏しい小規模自治体は外部人材にアプローチできなかったこと，
（2）欲しい専門人材の採用条件と専門人材の市場評価が大幅に乖離していた，
という点を指摘する通り，日本においては外部人材登用の仕組み自体が構築で
きていないという点は否めない．

　一方で，基礎自治体の希望する外部登用人材を国がマッチングするというあ
る意味極めて日本的な制度である地方創生人材支援制度によって，まさに日本
におけるシティマネージャーの卵ともいうべき人材が民間からも育ちつつある
［田村 2018：388］状況が起こり始めている．また，地方創生人材支援制度による
被派遣者有志によって一般社団法人日本シティマネージャー協会が設立される
など，徐々にではあるものの行政幹部人材を育成・輩出するための端緒となる
活動が起こっている．

　なお，田村［2018］はこれらの動きについて，時間はかかるかもしれないが，
協会が日本版の ICMA のような存在になることで，民間などでマネージメン
トのスキルを身に付けた人材の確保が円滑に進むことも考えられる［田村
2018：388］としている．このような官民問わず有為な人材を小規模自治体の幹
部人材として輩出する仕組みが構築されることは意義があると考える．また，
都市部の大企業に勤務する人材を自治体とマッチングさせる事業を展開する民
間事業者も現れるなど，事業として行政幹部及び専門人材市場の仕組みの展開
を模索する動きも出てきていることも注目に値する[1]．

　このような基礎自治体における外部人材（幹部）登用の仕組み構築に向けた
取り組みは端緒についたところである．本来はアメリカのような人材市場が形
成され職種が公募されるマッチングがおこなわれるべきであろうが，ただでさ
え人材の流動性が低い日本において，民間企業に比して大幅に低い中小規模自
治体の報酬等の登用条件では有為な人材が集まりづらいことは容易に想像でき
る．

　内閣府の制度である地方創生人材支援制度では，国が民間企業や大学と地方
自治体の橋渡しをおこないつつ，地方自治体の採用条件と派遣候補者が現在得

ている報酬の差分は派遣元が補塡するという形をとることで，外部人材登用時における採用条件の実勢との乖離の問題をクリアしている.

また，前述した人材マッチングの事業を展開する民間事業者は，日本の人材市場の流動性の低さを踏まえて，都市部の大企業に勤務する人材を転職させるのではなく，現在の企業に所属したまま副業で行政運営に携わる枠組みを推進している.

実際に，当該民間事業者と連携した滋賀県彦根市は教育長を補佐しながらGIGA スクール構想を推進する専門人材を副業で募集したところ募集 1 名のところ，140 名余の応募があり，IT 系の大企業に勤務する専門人材を確保している[2].

これらの点からも，副業での人材活用という視点は，日本の労働市場の流動性改善までの次善の策としては効果があるものと思われる．なお，内閣府の地方創生人材支援制度においても，昨年度より非常勤での派遣や短期間の派遣といった現勤務先を退職せずに行政運営に関与できる枠組みを推進している.

以上，流動性が必ずしも高いとはいえない現在の人材市場の状況を踏まえながら，日本の現在の人事市場にマッチした外部専門人材を自治体幹部として登用するための人材供給の枠組みを構築することは，基礎自治体における外部人材（幹部）登用の黎明期においては意義のある取り組みであると考える.

例えば，他社との兼務を許容した自治体ナンバー 2（または幹部）の登用，特定分野に特化して政策形成の責任と役割を担う自治体幹部の採用といったような，柔軟な雇用形態や採用条件を許容した人材登用の仕組みを整えることができれば，有能な民間人材が自治体行政に関わる可能性も高くなるはずであり，結果として基礎自治体における外部人材（幹部）登用は進展するものと考える.

（4）提言 2：外部人材登用の仕組みを支える人材育成・専門性確保の枠組み

Zhang and Feiock や Zhang, Lee and Yang が主張する MPA プログラムに

おける専門知識とコミュニケーション能力養成の重要性については，本書の実証分析では当てはまらなかった．

　しかし，日本において公共政策領域の専門教育が十分でないかというと必ずしもそうではない．科学技術振興機構によると，日本における公共政策系・政策研究系の専門科を有する大学は国公私立 68 大学にのぼるなど，公共政策分野の専門教育プログラムは多く存在している[3]．一方で田村［2006］が，日本は 6 割強が大学以上を卒業しているが，修士をもつものが少ないと述べているとおり，MPA などの公共政策領域の専門教育が日本において自治体幹部のキャリアパスになっているとは言い難い状況にある．

　また，本書における実証研究においても，外部登用された自治体幹部のデモグラフィック要因よりも行政官としての経験的変数が政策形成過程において役割を果たすにあたって重要な要素となることが整理されている．つまり日本の基礎自治体においては，幹部職員のもつ公共政策領域の専門教育や知見ではなく，幹部職員の豊富な行政経験が政策形成過程で大きな役割を果たすために重要な要素であると言える．

　とはいえ，日本においても外部登用された自治体幹部が有する専門的知見や専門家ネットワークといった非制度的要因が政策形成過程において発揮するリーダーシップに影響を与える要素としてあげられているなど，本書の実証研究においても Zhang and Feiock の主張に概ね沿う結果が整理されていることを考えると，外部人材をより積極的に採用するためには，アメリカと同様に，人材育成・専門教育による行政幹部としての専門性確保の枠組みが必要となってくるのではないかと考える．

　日本の基礎自治体では，公共政策領域の専門教育（修士・博士等の学位取得）における取得のハードルの高さに比して認知度は低く，行政内での昇進・昇格に生かされてはいない状況にあるが，専門教育の有無が自治体幹部への昇格・承認といった職位の資格要件と直接紐付くなどの枠組みが制度化されるようになると，専門知識とコミュニケーション能力養成の場として公共政策分野の専門

教育プログラムの認知が向上するのではないかと考える.

（5）提言3：政策人が活躍できる組織運営の仕組み

真山［2001：197］は政策人の資質として，常に問題意識をもつこと，その問題意識を科学的，合理的な手法を用いて分析すること，そしてその分析結果に基づいて問題点を指摘すること，といった一連の行動をとることが可能かどうか，としている．また，政策形成能力として（1）コミュニケーション能力，（2）情報収集・分析能力，（3）その他の能力（調整能力，企画能力）をあげている［真山 2001］.

政策人たる人材の個人的な資質や能力涵養の重要性，資質を備えた人材の外部登用の重要性については前述した．以下では，政策人たる行政人材の政策形成過程における活動を支える科学的，合理的な手法を組織運営の仕組みとしてどのように取り入れるかという視点で整理をおこないたい.

EBPM について，第1回 EBPM 推進委員会が開催された 2017 年当時の内閣府大臣補佐官は，「EBPM の PM，つまり policy making を確かな証拠に基づかず政策を決めてしまうというエピソードベースではなく，政策の立案の前提となる事実認識をきちんとおこない，立案された政策とその効果を結びつけるロジックを踏まえ，その前提となるエビデンスをチェックすることで，合理的な政策立案に変えていこうということであり，EBPM の推進とは政策目的を明確化し，手段との関係をきちんと分析して，可能なら統計等のデータを用いてチェックし，妥当な政策を実行する方向へと変えていこうというものである」と述べている[4].

つまり EBPM とは，政策形成過程に単なるエピソードや経験・勘・思い込みではなく科学的，合理的な証拠（エビデンス）をもち込もうというものである.

EBPM は，英国において，広範な社会的費用や便益を考慮した政策の事前－事後評価と効率的な資源配分を目的としてブレア政権時に本格的に展開され，厳しい財政状況下において政権交代後もその政策が引き継がれた経緯にある.

英国では「何が有効か（What works）」について What Works Centre（以下，「WWC」と称する）が分析しエビデンスを提示，そのエビデンスに基づき政策形成を進めている．

　総務省が EBPM 実証研究において実施した WWC の活動状況のインタビューからは，EBPM の推進手法は地域によって異なっており，EBPM の考え方やアプローチは多様であることがわかる．

　WWC の中で最もエビデンス・ベースドな取り組みをおこなっている WWG は，政府機関やコンサルティング会社と連携し，レビューをおこなう分野について OECD 諸国の査読付論文や政府統計を活用しながら多くの分析（Case-Control Study）をおこない，頑健（Robust）なケースをエビデンスとして提供するという手法を採用している．

　一方，What Works Centre Scotland（以下，「WWS」と称する）や Wales Centre for Public Policy（以下，「WCPP」と称する）は，WWG とは違い，実際に解決しようとしている地域のメンバーの話し合いに参加しながらそのグループがエビデンスを見つけることができるように支援するというボトムアップの手法を採用している．

　WWS では，エビデンスは課題の答えを提示するものではなくコンテクスト（事情や前後関係）によって見方が様々である（Situated）としており，エビデンスの定義は人によって違うため，エビデンスベースとは，取得したデータをニーズに合わせて利用することであると認識している．また，WCPP においても，コンテクスト（事情，前後関係）は，エビデンスと同様に重要であると主張している[5]．

　以上，英国では地域の置かれている事情や解決すべき課題の目的・方向性などのコンテクストをしっかりと読み解くとともに，統計データや研究論文などのエビデンスを組み合わせながら事前の政策判断のための評価が実施され，地方政府によって活用されていた．

　日本において科学的，合理的な政策形成手法である EBPM は，統計やビッ

グデータなどを駆使したデータアナリシス的な捉え方をされることが多いが，EBPMとは少なくともデータアナリシスで何とかなるものではなく，頑健なエビデンスを提示するための方法論を地域の課題解決に関わるアクターと議論をし，地域の事情や課題を取り巻く前後関係などのコンテクストから「課題を解決したいグループがどのようにしたいのか」を合意することが重要であるといえよう．

　そして日本においても，その合意プロセスを行政の組織運営の仕組みとして取り入れていくことが必要となるのではないかと考える．例えば，主要な政策において外部機関等と連携しながら事前の政策判断のための評価を実施し，その評価が公表されるようになると，今まで曖昧であった判断のポイントがより合理的・明確になり，かつエビデンスが合意調達の手段ではなく，政策形成に必要な科学的合理性と論理性をもったツールとして活用されるのではないかと考える．

おわりに ——今後の研究課題——

　本書では，地域産業政策という政策領域を題材として，地方都市，特に条件不利地域に立地する中小規模の基礎自治体の持続的な成長に求められる自治体行政のあり方を，近年自治体で外部登用が進んでいる自治体幹部人材の意義と役割という視点から論じた．

　元々，基礎自治体において外部人材の登用は，基礎自治体が独自性のある政策展開を志向する状況において，ある時点で不足している，あるいは将来の時点で不足すると予想される人材を獲得する［大谷 2017：70］というものであった．今までのところ，外部人材登用は大きな潮流にはなっていないものの，地方創生人材支援制度や公募による副首長や幹部人材登用などの動きも徐々にではあるが広がってきている．

　このような外部人材登用の胎動は，地域の持続可能性という視点で地方創生

の取り組みを捉えたとき，多くの地域が持続的な地域の実現を可能とするためにポイントとなる地域の成長という点に大きな課題を抱えているからに他ならない．

　第1章で述べたとおり，多くの研究領域において概ね認識が一致している地域産業振興における内発的発展論について，条件不利地域においては理想と実態に大きなギャップが存在している．内発的発展の重要性は論をまたないが，条件不利地域においては，先行研究において主張されていた内発的発展の重要な要素の多くが，単独では実際の地域産業政策の成果としての地域の成長・発展を必ずしも説明できていない．

　一方で，条件不利地域において地域外の資源を活用して地域の成長・発展を誘導するという仕組み自体には効果があることが提示されたことは示唆に富む．第2章で見たように，地域産業政策に積極的に介入することへの重要性は認識するものの，行政が果たす事のできる役割は想定以上に小さく，積極行政を展開することについて頑健なエビデンスを提示できなかった．

　しかしながら，企業誘致などのプロセスに関わる関係者だけでなく住民の意識においても，行政の期待役割は依然として大きく，相応のイニシアチブを発揮することが求められている．つまり，条件不利地域の活性化・地域の成長の実現には行政が積極的であるべきであると期待されているのである．

　また，実際の政策展開において，外部登用幹部はネットワーク・ガバナンスの設計に主導的な役割を果たしており，外部人材のもつ政策展開に必要なネットワークやノウハウ・専門知識といった非制度的要因を拠りどころとして，行政がこれまで最も苦手にしてきた探索型問題解決のための政策提言や合意形成の仕組みを作るためのプロセスにおけるイニシアチブ発揮を外部人材に期待していることも整理された．

　以上のとおり，本書では，地方都市の経済成長には行政による積極的な政策介入と行政内部に専門的な知見を有する外部人材を幹部として登用し，登用人

材が政策形成初期からイニシアチブを発揮することの重要性を強調した．

　そして，地方都市の経済成長に資する政策を立案・実施するためにあるべき自治体行政の枠組みとして（1）基礎自治体における外部人材（幹部）登用の仕組み構築の必要性，（2）外部人材登用の仕組みを支える人材育成・専門性確保の枠組み構築，（3）行政人材の政策形成過程における活動を支える科学的・合理的な手法としての EBPM のプロセスの組織運営への導入の必要性を主張した．

　しかし，本書には，いくつかの課題も存在する．第1に，外部登用人材と行政内部の人材との間にコンフリクトが発生しうるのではないかという点である．外部人材が行政幹部として行政内部のプロパー人材の上席者として「君臨」する状況において，プロパーの行政職員のモラールやモチベーションをどう維持するかという視点について，本書では整理・分析を十分に進められているとは言いがたく，今後の研究課題である．

　本書の主張は，従前より多くの研究者によって主張されてきた内発的発展論や行政内部人材の政策形成能力向上による自治体行政の推進を否定するものではない．

　先行研究において，内在的・非制度的統制を自治体全般として果たすことが求められる［真山 2017］，地域課題の解決に向けて積極的に取り組もうとする職員集団によってリードされるような組織風土が有効である［大杉 2017］と主張されているとおり，行政内部人材を中核人材として育成し，政策形成をボトムアップで進めていくことの重要性は論を待たない．そして地域の置かれた状況は多様であり，その地域性によって様々な手法をとりうるものであることも自明のことである．

　とはいえ，条件不利地域に立地する小規模自治体は総じて専門人材登用のルート，専門人材教育の枠組み，EBPM などの科学的・合理的な手法運用の知見・ノウハウを有する行政人材の有無という点で課題が多い状況を踏まえると，積極的な外部人材の登用による行政の政策形成能力向上は一定の効果はあるも

のと考える.

　第2に，条件不利地域の中小規模の基礎自治体における地域産業政策という本書の研究領域は極めて限定的な領域の実証研究であるという点である.

　条件不利地域の中小規模の基礎自治体における地域産業政策において主張された行政による積極的な政策介入と，行政内部に専門的な知見を有する外部人材を幹部として登用し，登用人材が政策形成初期からイニシアチブを発揮することの重要性について，行政が取り組む他の地域政策領域においても同様の結果が導出されるのか，政策領域が異なると本書と異なる結果が導出される可能性があるのかといった点についての研究は今後の課題である.

　また，本書では，条件不利地域の小規模自治体として金本・徳岡の小規模雇用圏の中心都市である97自治体を対象としたが，小規模雇用圏の中心都市と郊外都市の比較や大規模雇用圏と小規模雇用圏の比較といった自治体規模によって本書と同様の結果が導出される可能性があるのかといった点についても他の政策領域と同様に今後の課題である.

　そして第3に，真に地域のためになる外部人材をどのような形で地域に引き込むのかといった人材市場の枠組みについて十分に検討できているとは言い難いことである.

　先に人材市場が形成され職種が公募されるマッチングがおこなわれるべきであると主張したが，一方で公募をすればすべからく地域にとって有為な人材が獲得できるというわけではない.公募で人材を登用しても，登用された人材の目的や目指すキャリアデザイン，地域への心理的距離が地域のニーズと乖離することにより，外部登用人材がその能力を十分に発揮できないことは十分にあり得る.

　また，首長がその人脈を駆使して人材を探索する状況では，登用人材の能力は首長の資質や政治的思想などによって大きく左右されやすい.近年，強力な首長によるいわゆる「劇場型政治」と呼ばれる政治手法を通じた行政運営がおこなわれる自治体が注目されているが，強力な首長による極端な組織統制のみ

が強固になった状況の下では，職員は良くも悪くも批判的な精神や意識はもたず業務を遂行し，倫理観や専門性に基づく規範に従うとか住民の意思や思いに目を向けなくなる［真山 2017：44］ことも発生しうる．

　首長によって過度に統制されるような行政組織においては，外部人材の存在がかえって真に地域のためになる政策形成を十分におこなうことを阻害する可能性も否定できない．よって，外部人材登用の枠組みにおいては首長に過度に統制されないようにするべきであるという視点も重要であると言えよう．

　以上，今後の検討課題は存在するものの，本書における実証研究を踏まえると，条件不利地域に立地する中小規模自治体においてリーダーシップを発揮する行政幹部を外部登用する意義は大きい．

　そして，現在進んでいるとは必ずしも言えない行政幹部の外部登用を広く進めていくためにも，資質の備えた政策人足り得る人材の確保・外部からの登用を支える柔軟な雇用形態や採用条件を許容した人材登用の制度構築，人材育成・専門教育による行政幹部としての専門性確保の枠組みや，専門教育の有無が自治体幹部への昇格・承認といった職位の資格要件と直接紐付くなどの枠組みの制度化，科学的，合理的な手法を用いて分析し政策形成を進める手法の導入・普及といった仕組みの構築を進めていくことが重要であると考える．

注

1）広島県福山市，北海道余市町，茨城県つくば市ではビズリーチと連携して大都市勤務人材を公募し，実際に民間企業出身者が行政運営に関与しているほか，2020 年度には埼玉県さいたま市，静岡県浜松市，滋賀県彦根市，岡山県，三重県などがビズリーチと連携して GIGA スクール構想を推進する専門人材を募集している．詳細は，ビズリーチ「GIGA スクール構想実現に向け教育のアップデートに携わる求人特集」(https://www.bizreach.jp/job-feed/collaboration/giga_school_01/, 2020 年 11 月 3 日閲覧).

2）彦根市教育委員会へのヒアリングによる．

3）科学技術振興機構［2015］「平成 24 年度文部科学省委託業務「科学技術イノベーション政策における『政策のための科学』推進事業」における基盤的研究・人材育成拠点

整備事業の発展，及び同推進事業で産み出される成果の活用事例に関する調査報告書」（https://www.mext.go.jp/content/20200325_mxt_kouhou02_mext_00001_14.pdf，2020年 11 月 8 日閲覧）.

4）EBPM 推進委員会［2017］「第 1 回 EBPM 推進委員会（平成 29 年 8 月 1 日）議事要旨」（https://www.kantei.go.jp/jp/singi/it2/ebpm/dai1/gijiyoushi.pdf，2020 年 11 月 8 日閲覧）.

5）総務省［2019］「訪日インバウンド施策に関する調査・分析」（https://www.soumu.go.jp/main_content/000624754.pdf，2020 年 12 月 10 日閲覧）.

あ と が き

　本書は，筆者が2021年9月，同志社大学総合政策科学研究科に提出した博士学位論文「地方都市の経済発展に求められる自治体行政のあり方——自治体外部登用人材の意義と役割について——」を元にしている．本書を構成する各論文の初出は以下のとおりであり，一部を加筆・修正している．

　序　章　研究の位置づけと構成（博士学位論文，一部修正）

　第1章　基礎自治体の成長要因（博士学位論文，一部修正）

　第2章　行政の積極性と地域の成長（博士学位論文，加筆・修正）

　第3章　外部登用人材が果たした役割と機能（博士学位論文，一部修正）

　第4章　外部登用人材の権威性

　　　　　「中小規模自治体の政策形成過程における外部登用人材の役割について」地域マネジメント学会学術編集委員会編『地域マネジメント研究』第6号，2021年3月，30-49ページ（加筆・修正）

　終　章　地方都市の経済成長に求められる自治体行政のあり方（博士学位論文，一部修正）

　筆者は，大学では経済学部で国際通貨論を学び，社会人となってもメガバンクで業績悪化企業の債権回収・再生支援という，行政とは全く縁遠い領域で実務経験を積み重ねてきた．日本総合研究所においても主要なテーマは経営戦略，事業戦略，事業再生，M＆A・組織再編であり，公共政策分野を専門領域としていたわけではない．

　それが，地方創生人材支援制度の第1期派遣者として地方自治体に派遣され，行政実務に触れたたことをきっかけとして公共政策や行政学といった分野の研究に携わることとなった．

　このような本領域の研究者としては全くの異端児である筆者が博士学位を取得し，本書を作成するにあたっては，実に多くの方のご指導や励ましをいただいた．なかでも，同志社大学大学院入学にあたって指導教官を引き受けていただいた真山達志先生には，論文執筆にあたっての論理展開や研究の方法をはじめ大変お世話になった．野田遊先生（同志社大学教授），木下健先生（福岡工業大学社会環境学部准教授），田中宏樹先生（同志社大学教授）には，計量分析に関して親身にご指導，ご示唆をいただいた．入江容子先生（同志社大学教授）には論文審査にあたって温かい励ましのお言葉をいただいた．同志社大学大学院総合政策科学研究科博士後期課程の諸先輩・後輩の方々には，公共政策研究会等を通じて，論文執筆に関し様々な示唆をいただいた．また，本書の出版を引き受けていただいた晃洋書房の丸井清泰氏にも色々とご無理を申し上げたが，快くお引き受けいただき，またご支援をいただいた．深く御礼を申し上げたい．

　最後に，コンサルタント，自治体職員，大学の非常勤講師，大学院生という“4足のわらじ”を履きながらの研究，執筆活動は関係する方々に多くのご迷惑をおかけしたはずであるが，見捨てずにお付き合いいただいた皆様に改めて感謝を申し上げたい．本書は実に多くの方々にご指導，ご協力いただいた賜物であり，本書が読者にとって読みやすく有益なものとなっているとすれば，それはご指導をいただいた皆様のおかげである．しかしながら，ありうべき誤りはいうまでもなく全て筆者の責任である．

　2022 年 1 月

丸 山 武 志

<h1 style="text-align:center">参 考 文 献</h1>

(1) 邦文献

青木和也・鎌田元弘［2017］「遊休公共施設への企業誘致を通じた公共性と行政支援の実態」『農村計画学会誌』36.

秋月謙吾［2010］「地方政府における行政信頼」『行政の信頼性確保，向上方策に関する調査研究報告書（平成21年度）』.

家子直幸・小林庸平・松岡夏子・西尾真治［2006］「エビデンスで変わる政策形成——イギリスにおける『エビデンスに基づく政策』の動向，ランダム化比較試験による実証，及び日本への示唆——」『政策研究レポート』.

池田謙一［2010］「行政に対する制度信頼の構造」『年報政治学』61(1).

石倉洋子［2003］「今なぜ産業クラスターなのか」，石倉洋子・藤田昌久・前田昇・金井一頼・山﨑朗『日本の産業クラスター戦略　地域における競争優位の確立』有斐閣.

植田浩史・立見淳哉［2009］『地域産業政策と自治体——大学院発「現場」からの提言——』創風社.

上村未緒［2015］「地方圏での戦略型企業誘致」『みずほインサイト』2015年11月27日.

大杉覚［2017］「首長・職員関係の行政学」『年報行政研究』52.

大谷基道［2017］「都道府県における新たな政策に係る人材の確保——出向官僚と民間人材の活用——」『公共政策研究』17.

―――――［2016］「公務員制度　地方自治体における任用形態と人材の多様化」，縣公一郎・藤井浩司編『ダイバーシティ時代の行政学　多様化社会における政策・制度研究』早稲田大学出版部.

大渕憲一［2005］「公共事業政策に対する公共評価の心理学的構造：政府に対する一般的信頼と社会的公正感」『実験社会心理学研究』45(1).

大山耕輔［2010］「行政信頼の政府側と市民側の要因——世界価値観調査2005年のデータを中心に——」『年報政治学』61(1).

―――――［2009］「信頼とガバナンスはなぜ必要か——政府と市民の視点から——」『法學研究』82(2).

岡部明子［2003］『サステナブルシティ——EUの地域・環境戦略——』学芸出版社.

小田切徳美［2018］「農村ビジョンと内発的発展論——本書の課題——」，小田切徳美・橋口卓也編『内発的農村発展論——理論と実践——』農林統計出版.

片桐悠貴［2016］「企業立地の新たな潮流と誘致政策の再構築パッケージ」『知的資産創造』

2016 年 10 月号.

金本良嗣・徳岡一幸［2002］「日本の都市圏設定基準」『応用地域学研究』7.

河藤佳彦［2015］『地域産業政策の現代的意義と実践』同友館.

―――［2014］「地域産業政策の現代的意義に関する考察」『地域政策研究』16(2).

―――［2009］「離島振興における産業政策の役割に関する考察――島根県隠岐郡海士町を事例として――」『産業研究』（高崎経済大学），45(1).

北山俊哉［1994］「地域経済振興政策」，西尾勝・村松岐夫編集『講座行政学第 3 巻　政策と行政』有斐閣.

木村元子［2016］「地域産業政策における地方自治体の役割に関する一考察」『政策論叢』84(5・6).

清成忠男［1986］『地域産業政策』東京大学出版会.

―――［1981］「自治体の企業誘致と地域振興」『ジュリスト』737.

桑原武志［2016］「地域経済振興における大都市圏ガバナンスを考える――大阪大都市圏を事例にして――」，石田徹・伊藤恭彦・上田道明編『ローカル・ガバナンスとデモクラシー　地方自治の新たなかたち』法律文化社.

佐々木信夫［2009］『現代地方自治』学陽書房.

佐々木雅幸［1992］『現代北陸地域経済論――グローバルな地域再編成と内発的発展――』金沢大学経済学部.

鈴木茂［1998］『産業文化都市の創造――地方工業都市の内発的発展――』大明堂.

髙原一隆［2014］『地域構造の多様性と内発的発展――北海道の地域分析――』日本経済評論社.

田中優［2012］「職員の政策形成能力」，真山達志編『ローカル・ガバメント論』ミネルヴァ書房.

田村秀［2018］「シティ・マネージャー制度導入に関する一考察」『地方自治法施行 70 周年記念自治論文集』.

―――［2006］『自治体ナンバー 2 の役割――日米英の比較から――』第一法規.

千草孝雄［2009］「政治行政分断論に関する再検討」『駿河台法学』22(2).

―――［2006］「フレデリクソンの都市政府形態論について」『駿河台法学』19(2).

張希実子［2018］「欧州におけるスロースティの実践と課題――イタリアとドイツの事例から――」，小田切徳美・橋口卓也編『内発的農村発展論――理論と実践――』農林統計出版.

鶴見和子［1989］「内発的発展論の系譜」，鶴見和子・川田侃編『内発的発展論』東京大学出版会.

中村紀一［1981］「企業誘致と自治体の政策決定」『ジュリスト』737.

中村剛治郎［1986a］「日本経済の構造転換と金沢の都市ビジョン（1）」『エコノミア』90.

──────［1986b］「日本経済の構造転換と金沢の都市ビジョン（2・完）」『エコノミア』91.

西尾勝［2013］『自治・分権再考　地方自治を志す人たちへ』ぎょうせい.

西川潤［1989］「内発的発展論の起源と今日的意義」，鶴見和子・川田侃編『内発的発展論』東京大学出版会.

野田遊［2011］「行政サービスに対する満足度の規定要因」『会計監査研究』43.

──────［2008］「行政に対する信頼と市民の参加意向」『会計検査研究』37.

──────［2009］「地方公務員の対応と地方自治体に対する信頼」『長崎県立大学経済学部論集』43(1).

久野国男［1990］「地域政策と自治体」，矢田俊文編『地域構造の理論』ミネルヴァ書房.

平田美和子［2001］『アメリカ都市政治の展開──マシーンからリフォームへ──』勁草書房.

藤木裕［1996］「新しい成長理論（New Growth Theory）の実証研究──クロスカントリー・データによる実証研究のサーベイ──」『日本銀行金融研究所ディスカッション・ペーパー・シリーズ』96-J-16.

星貴子［2016］「地域産業振興策の現状と課題──推進組織からみた地域産業振興の在り方──」『JRIレビュー』7(37).

保母武彦［1996］『内発的発展論と日本の農山村』岩波書店.

前田昇［2003］「欧米先進事例から見たクラスター形成・促進要素」，石倉洋子・藤田昌久・前田昇・金井一賴・山﨑朗『日本の産業クラスター戦略──地域における競争優位の確立──』有斐閣.

松宮朝［2001］「「内発的発展論」概念をめぐる諸問題──内発的発展論の展開に向けての試論──」『社会福祉研究』3(1).

真山達志［2017］「ポピュリズム時代における自治体職員の行政責任」『年報行政研究』52.

──────［2011］「地方分権時代におけるネットワークの設計と管理──現代の自治体行政に求められる能力──」『法学新報』118(3・4).

──────［2002］「地方分権の展開とローカル・ガバナンス」『同志社法学』54(3).

──────［2001］『政策形成の本質　現代自治体の政策形成能力』成文堂.

丸山武志［2021］「中小規模自治体の政策形成過程における外部登用人材の役割について」『地域マネジメント研究』6.

──────［2018］「小規模自治体の行政課題と日本版シティマネージャー制度の展開──地方創生人材支援制度被派遣者の経験を通じて──」『龍谷大学大学院政策学研究』6.

宮口侗廸［1998］『地域を活かす──過疎から他自然居住へ──』大明堂.

宮本憲一［1989］『環境経済学』岩波書店.

村上祐介［2017］「行政における専門職の責任と統制──教育行政を事例として──」『年報行政研究』52.

村山皓［2012］「行政への信頼は政策システムにとって必要か」『政策科学』20(1).

守友裕一［2008］「内発的発展の理論と実践」，清水修二・小山良太・下平尾勲編『あすの地
　域論「自治と人権の地域づくり」のために』八朔社.

──── ［2000］「地域農業の再構成と内発的発展論」『農業経済研究』72(2).

山岸俊男［1998］『信頼の構造』東京大学出版会.

山﨑朗［2017］「地方創生の政策課題と政策手法」『経済学論纂』57(3・4).

梁起豪［1991］「地方自治体における影響力の計量分析」，小林良彰編『政治過程の計量分析』
　芦書房.

(2) 欧文献

Barro, R. J., and Sala-i-Martin, X. ［2004］ *Economic Growth, Second edition*, The MIT
　Press（大住圭介訳『内生的経済成長論Ⅰ［第2版］』『内生的経済成長論Ⅱ［第2版］』
　九州大学出版会，1998年).

Bouckaert, G. ［2003］ "Quality of Public Service Delivery and Trust in Government," in
　Van de Walle, S. and Salminen, A. eds., *Governing Networks: EGPA Yearbook*, IOS
　Press.

Bouckaert, G., and Van de Walle, S. ［2001］ "Government Performance and Trust in
　Government," *Trust Building Networks - how the government meets citizen in the
　post-bureaucratic era: Citizen directed government through Quality, Satisfaction and
　Trust in Government*, EGPA Annual Conference.

D'Addio, A. C. and d'Ercole, M. M. ［2005］ "Trends and Determinants of Fertility Rates:
　The Role of Policies", *OECD Social, Employment and Migration Working Papers*,
　No. 27, OECD Publishing, Paris.

Dag Hammarskjöld foundation ［1975］ *Que Faire?*, Uppsala: Dag Hammarskjöld foundation.

Dunn, D. D. and Legge Jr, J. S. ［2002］ "Politics and Administration in U.S. Local
　Governments," *Journal of Public Administration Research and Theory*, 12(3).

Frederickson, H. G., Smith, K. B., Larimer, C. W., and Licari, M. J. ［2012］ *The Public
　Administration Theory Primer*, Westview Press.

Frederickson, H. G., Johnson, G. A., and Wood, C. ［2003］ *The Adapted City: Institutional
　Dynamics and Structural Change*, M. E. Sharp.

Goldsmith, S., and Eggers, W. D. ［2004］ *Governing by network: the new shape of the public
　sector*, The Brookings Institution Press.（城山英明・奥村裕一・高木聡一郎訳『ネッ
　トワークによるガバナンス──公共セクターの新しいかたち──』学陽書房　2006年).

Jones, C. I. ［1998］ *Introduction to economic growth*, W. W. Norton & Company, Inc.（香西
　泰監訳『新古典派から内生的成長理論へ──経済成長理論入門──』日本経済新聞出版
　社，1999年).

Keene, J., Nalbandian, J., O'Neill Jr. R., Portillo, S., and Svara. J. [2007] "How Professionals Can Add Value to Their Communities And Organizations," *Public Management*, 89.

Moretti, E. [2012] *The New Geography of Jobs*, New York, Mariner Books.（安田洋祐解説, 池村千秋訳『年収は「住むところ」で決まる』プレジデント社, 2014 年).

Nerfin, M. [1975] *Another Development. Approaches and Strategies*, Dag Hammarskjöld foundation.

Noda, Y. [2017] "Trust in the leadership of governors and participatory governance in Tokyo Metropolitan Government," *Local Government Studies*, 43(5).

Peters, B. G. [2012] "Urban Governance," in Pierre, J., Mossberger, K., and Clarke, S. E. eds., *The Oxford Handbook of Urban Politics*, Oxford University Press.

Porter, M. E. [1998] "Clusters and Competition: New Agendas for Companies, Governments, and Institutions," *On competition*, Harvard Business School Press.

Rodrik, D. [2004] "Industrial Policy for the Twenty-First Century," *CEPR Discussion Paper 4767*, London: Centre for Economic Policy Research.

Svara, J. H. [2005] "Dichotomy and Duality: Reconceptualizing the Relationship between Policy and Administration in Council-Manager Cities," *Public Administration Review*, 45(1).

World Commission on Environment and Development [1987] *Our Common Future*, Oxford University Press.

Yates, D. [1977] *The Ungovernable City: The Politics of Urban Problems and Policy Making*, The MIT Press.

Zhang, Y., and Feiock. R. C. [2009] "City Managers' Policy Leadership in Council-Manager Cities," *Journal of Public Administration Research and Theory*, 20(2).

Zhang, Yahon, Zhang, Yahong, Lee, R., and Yang, K. [2012] "Knowledge and Skills for Policy Making: Stories from Local Public Managers in Florida," *Journal of Public Affairs Education*, 18(1).

アンケート調査（単純集計）

問1　あなた（回答者）が所属する自治体名をお答えください.

問2　あなた（回答者）の所属部門をお答えください（○は1つ）.

1. 企画部門	10
2. 総務部門	25
3. 産業部門	8
4. その他部門	0

問3　あなた（回答者）の職位をお答えください（○は1つ）.

1. 首長	0
2. 副首長	0
3. 部長級	0
4. 課長級	2
5. その他	41

問4　貴市の地域経済の課題についてあてはまるものをお答えください（○は3つまで）.

1. 大手企業の撤退による産業空洞化	1
2. 地場の基幹産業の衰退	17
3. 中心市街地の衰退	35
4. 地元サービス企業の収益性悪化	6
5. 起業・開業率の伸び悩み	7
6. 地元を担う産業人材の減少・流出	34
7. 企業家人材の流入・集積が進まない	1
8. 大学／大学院出身者等の知識人材の枯渇	4
9. 地域経済の新陳代謝を促すような産業創出・イノベーションの実現	14
10. その他	1

問5　貴市が実施している地域産業に関する取り組みについてあてはまるものをお答えください（重要度の高いものから3つまで）.

	第一順位	第二順位	第三順位
1. 既存の基幹産業を対象とした産業振興策の実施	17	7	3
2. 企業誘致の実施	13	14	6
3. 地元サービス産業の生産性向上につながる政策の実施	0	1	5
4. 中心市街地の活性化	7	10	8
5. 起業・創業支援策の拡充	3	6	14
6. 地元企業の事業多角化・新規事業領域への進出支援策の実施	0	2	2
7. 大学／研究機関・施設の誘致または連携の強化	0	2	3
8. 教育環境の充実等による知識人材誘致の強化	0	0	0
9. 地域経済の新陳代謝を促す取り組み（転業・廃業支援）の強化	0	1	0
10. その他	3	0	0

問6　問5で選択した地域産業に関する取り組みの効果について，あてはまるものを1つずつ選んで，○をつけてください.

	成果があがっており，地域の成長に結びついている	成果があがっていない	どちらともいえない
1. 第1順位の地域産業に関する取り組み	21	16	6
2. 第2順位の地域産業に関する取り組み	5	3	7
3. 第3順位の地域産業に関する取り組み	17	24	28

問7　貴市の地域経済に関する取り組みの実施にあたって課題となることについてあてはまるものをお答えください（○は3つまで）.

1. 地場産業に地域活性化を牽引する力や技術等が十分に無い	16
2. 地域内経済循環が促進されるような多角的な産業が地域に無い	18
3. 起業家精神旺盛な人材が不足している	7
4. 産業のイノベーションを担う知識人材が不足している	15
5. イノベーションを牽引する産業集積がないこと	9
6. 産業振興を担う行政側の体制が不十分	5
7. 行政に産業活性化のノウハウ・知見が不足している	9

8. 産業政策を主導する専門家がいない	9
9. 行政のリーダーシップが無い	1
10. その他	1

問8　あなたの所属する自治体に，外部から登用された行政幹部（副首長，部長相当職，課長相当職以上のライン職及び参与，顧問等の首長直轄のスタッフ職）はいますか（○は1つ）.

1. いる	19
2. 以前はいたが今はいない	8
3. いない	16

問9　（問8で1及び2と答えた方のみ）外部から登用された行政幹部の職位は何ですか（○は1つ）.

1. 副首長	11
2. 部長相当職	11
3. 課長相当職	2
4. 参与・顧問などのスタッフ職	3
5. その他	1

問10　（問8で1及び2と答えた方のみ）外部登用された行政幹部の登用経緯・きっかけは何ですか（○は1つ）.

1. 首長の推薦	8
2. 議員からの推薦	0
3. 地元財界からの推薦	0
4. 中央官庁からの出向	9
5. 内閣府等の派遣制度	2
6. 公募	1
7. 登用者本人の売り込	0
8. その他	8

問11　（問8で1及び2と答えた方のみ）外部から登用された行政幹部の前職は何ですか（○は1つ）.

1. 国家公務員	9
2. 都道府県職員	13
3. 民間企業	6
4. 大学等教員	1

5. 国会議員	0
6. 都道府県議会議員	0
7. 市町村議会議員	0
8. その他	0

問12　（問8で1及び2と答えた方のみ）政策立案の段階における外部から登用された行政幹部の役割について最も近いものは何ですか（○は1つ）.

1. 情報提供や助言はするが，政策立案の過程にはあまり関与せず，発言権はない	2
2. 幹部のおこなう助言や提言については具体的に検討がされており，政策の立案および実施に一定の影響力を有している	17
3. 外部登用の幹部は実質的に政策立案に至る過程を主導している	6

問13　（問8で1及び2と答えた方のみ）外部から登用された行政幹部が政策立案の過程で果たした役割について，あなたのお考えにあてはまるものを1つずつ選んで，○をつけてください.

	役割を果たした	役割を果たしていない	わからない・どちらともいえない
1. 大局的な視野に立った地域の課題発見，構造把握	2	17	6
2. 課題解決策の洗い出し，政策手法の検討・提示	23	0	2
3. 「政策実施時の影響や効果」に関するエビデンス検討	20	0	6
4. 地元事業者との連携	19	1	6
5. 地域外の事業者等との紐帯強化，協業のルート構築	16	2	8
6. 起業家人材の探索，連携強化	13	0	13
7. 政策検討に関わる事業者等との円滑なコミュニケーション	7	4	15
8. 政策検討・実施に参画するアクターの公式化（連携協定，条例化，ルール明文化，権限付与など）	16	0	10
9. 政策目標の設定・明確化	12	1	13
10. 連携する事業者等との利益・リスク分担の確定	17	2	7
11. 政策の詳細化，体系化	14	1	11
12. 政策決定に必要なエビデンス収集，合意に向けた調整プロセス（議会説明など）への関与	14	3	9
13. 議会での答弁など	20	1	5
14. 政策実施に関与する事業者等との情報把握，政策実施途中の事業推進状況管理・モニタリング	21	2	3

問14　（全員ご回答ください）外部から登用された行政幹部が果たすべき重要な役割について，あてはまるものをお答えください（○は３つまで）．

1．大局的な視野に立った地域の課題発見，構造把握	31
2．課題解決策の洗い出し，政策手法の検討・提示	21
3．「政策実施時の影響や効果」に関するエビデンス検討	9
4．地元事業者との連携	8
5．地域外の事業者等との紐帯強化，協業のルート構築	16
6．起業家人材の探索，連携強化	2
7．政策検討に関わる事業者等との円滑なコミュニケーション	5
8．政策検討・実施に参画するアクターの公式化（連携協定，条例化，ルール明文化，権限付与など）	3
9．政策目標の設定・明確化	11
10．連携する事業者等との利益・リスク分担の確定	5
11．政策の詳細化，体系化	3
12．政策決定に必要なエビデンス収集，合意に向けた調整プロセス（議会説明など）への関与	8
13．議会での答弁など	0
14．政策実施に関与する事業者等との情報把握，政策実施途中の事業推進状況管理・モニタリング	1

問15　（問８で１及び２と答えた方のみ）外部から登用された行政幹部の信頼性はどのようなところにあると思いますか．あなたのお考えにあてはまるものを１つずつ選んで，○をつけてください．

	あてはまる	あてはまらない	わからない
1．行政経験が長いこと	15	10	2
2．専門教育・資格を保有している	17	4	6
3．最終学歴が高い	3	14	10
4．外部人材のもつ豊富なネットワーク	26	0	1
5．首長との党派性が近い	5	9	13
6．議会と良い関係を有している	10	4	13
7．地域のしがらみから隔離されていること	16	2	9
8．論理的思考力，合理的判断力に優れている	26	0	1
9．人当たりが良い，誠実	23	0	4

10. 地元出身であること	1	20	6
11. 地域社会に根付いていること（地元に居住している，地元に家族がいるなど）	5	15	7
12. 情報発信力に優れている	20	1	6

問16　（全員ご回答ください）外部から登用された行政幹部の信頼性を判断するにあたって重要な要素について，あてはまるものをお答えください（○は3つまで）.

1. 行政経験が長いこと	7
2. 専門教育・資格を保有している	16
3. 最終学歴が高い	0
4. 外部人材のもつ豊富なネットワーク	35
5. 首長との党派性が近い	1
6. 議会と良い関係を有している	0
7. 地域のしがらみから隔離されていること	16
8. 論理的思考力，合理的判断力に優れている	29
9. 人当たりが良い，誠実	6
10. 地元出身であること	1
11. 地域社会に根付いていること（地元に居住している，地元に家族がいるなど）	1
12. 情報発信力に優れている	7

索　引

〈アルファベット〉

ABI（Area Based Initiative）　47

CAO（Chief Administrative Officer）　80, 125

EBPM（Evidence Based Policy making）　30

ICMA（International City/County Management Association）　118, 154

Moretti, E　69

WWC（What Works Centre）　159

WWG（What Works Centre for Local Economic Growth）　68, 159

〈ア　行〉

イノベーション　17, 29, 48

エージェンシー・スラック　152

MPA プログラム　142

オーバーロード　57

〈カ　行〉

海士町　59

外発的　33, 41

　──な手法　41

外部アクターとの連携　25

ガバナンス　27

　参加型──　28

　多層的──　28

　中心都市──　27

　ネットワーク・──　89, 161

完全融合型モデル　83

官治主義　33, 41

企業家風土　24

企業誘致　50

供給サイド・アプローチ　62

強市長制　101

行政幹部の外部登用　112

行政の信頼　70

競争環境　1, 6, 28

競争原理　28

拠点開発方式　15

空間的視座　25

権威性・正統性　141

コアリション　28

合意形成メカニズム　112

構造改革特区　17

交流型内発的発展論　26

国土の均衡ある発展　15

国家戦略特区　17

コミュニケーション能力　142

コミュニティアフェアーズ　24

〈サ　行〉

産業基盤　42

産業クラスター　17, 31

産業再配置　17

産業振興政策　29

産業立地政策　15

市支配人制　82, 85

市場の失敗　61

自治体ナンバー 2　123, 156

自治体の外部人材登用　4

市長 - 議会制　82

シティマネージャー　80, 154

若年世帯の地方還流　18

修正二分法モデル　120

周辺都市　27

首長 - 議会制　80

需要サイド・アプローチ　62

小規模雇用圏　30, 41, 73

小規模自治体　19, 41

条件不利地域　5, 41, 114, 160

小都市雇用圏　3

自律的産業化　24

人口減少　13, 18, 28
新産業創出　14
人的資源　2, 33
スピルオーバー　73
スローシティ　26
政策型思考　121, 132
政策企業型の組織風土　151
政策人　158
積極行政　58, 86, 161
全国総合開発計画　15
専門知識　142
相互依存と相互影響　85
総合戦略　21
　地方版――　20

〈タ　行〉

探索型問題　112, 161
地域外との交流・連携　26
地域活性化総合特区　17
地域間格差の是正　15
地域経済学　22
地域経済好循環プロジェクト　17
地域産業振興　15, 161
地域産業連関　32
地域資源　2, 8, 41, 42
地域政策　24
地域内経済循環　110
地域の主体性と参加　31
地域未来牽引企業　54
チッタスロー　26
地方創生　13
　――加速化交付金　34
　――コンシェルジュ　19
　――人材支援制度　5, 34, 160
　――推進交付金　34
中小企業基本法改正　16
中小企業支援　29

鶴見和子　16
東京一極集中の是正　18
都市雇用圏　73
都市再開発・地域開発　29

〈ナ　行〉

内在的・非制度的統制　151
内生的経済成長理論　49
内発的　21
　――発展　8, 41, 161
中村剛治郎　27
二元代表制　101
日本版シティマネージャー制度　19
認識型問題　112
任用形態の多様化　114
ネオ内発的発展モデル　26
ネットワークの設計・管理　141

〈ハ　行〉

働き方改革　18
バリューチェーン最適化　53
非制度的要因　125
ビックプッシュ（＝大きな一押し）戦略　47,
　72
複合経済　32
補完性モデル　82

〈マ　行〉

まち・ひと・しごと創生本部　19
宮本憲一　16
明確な目的の設定　112
問題の明確化　112
問題発見能力　121, 132

〈ヤ・ラ行〉

横軸の不在　26
リーダーシップ　141

《著者紹介》

丸 山 武 志（まるやま　たけし）

1971 年　長野県生まれ

1994 年　法政大学経済学部経済学科卒業，株式会社さくら銀行（現，三井住友銀行）入行

2006 年　株式会社日本総合研究所　出向（2009 年転籍，現在に至る）

2014 年　大阪市立大学客員准教授（工学研究科，現在に至る）

2015 年　地方創生人材支援制度第 1 期生として滋賀県米原市に出向（市長特命シティマネージャー）

2017 年　株式会社日本総合研究所復職，米原市シティマネージャー（非常勤，兼任）龍谷大学政策学部非常勤講師（兼任，現在に至る）

2020 年　彦根市特別顧問（兼任）

2021 年　同志社大学大学院総合政策科学研究科総合政策科学専攻博士後期課程修了博士（政策科学）

2022 年　青山学院大学経済学部非常勤講師，彦根市政策参与

主要業績

「中小規模自治体の政策形成過程における外部登用人材の役割について」『地域マネジメント研究』第 6 号，2021 年

「小規模自治体の行政課題と日本版シティマネージャー制度の展開——地方創生人材支援制度被派遣者の経験を通じて——」『政策学研究』第 6 号，2017 年

『Q＆A会社のしくみ 50』共著，日本経済新聞出版社，2011 年

地域資源としての自治体外部登用人材
——地域の成長と自治体外部登用人材の役割・リーダーシップ——

2022 年 4 月 20 日　初版第 1 刷発行　　＊定価はカバーに表示してあります

著　者　丸 山 武 志Ⓒ
発行者　萩 原 淳 平
印刷者　田 中 雅 博

発行所　株式会社　晃 洋 書 房

〒615-0026　京都市右京区西院北矢掛町 7 番地
電話　075(312)0788番(代)
振替口座　01040-6-32280

装丁　野田和浩　　　　印刷・製本　創栄図書印刷㈱

ISBN978-4-7710-3629-1

真山達志・牛山久仁彦 編著
大都市制度の構想と課題
——地方自治と大都市制度改革——

近刊

金川幸司・後 房雄・森 裕亮・洪 性旭 編著
協 働 と 参 加
——コミュニティづくりのしくみと実践——

A 5 判 254 頁
定価 3,080 円（税込）

池田葉月 著
ガバナンスと評価 11
自治体評価における実用重視評価の可能性
——評価結果の報告方法と評価への参加に着目して——

A 5 判 234 頁
定価 3,080 円（税込）

湯浅孝康 著
ガバナンスと評価 10
政 策 と 行 政 の 管 理
——評価と責任——

A 5 判 194 頁
定価 2,970 円（税込）

鏡 圭佑 著
ガバナンスと評価 9
行 政 改 革 と 行 政 責 任

A 5 判 198 頁
定価 3,080 円（税込）

南島和久 著
ガバナンスと評価 5
政 策 評 価 の 行 政 学
——制度運用の理論と分析——

A 5 判 226 頁
定価 3,080 円（税込）

池田 潔・前田啓一・文能照之・和田聡子 編著
地域活性化のデザインとマネジメント
——ヒトの想い・行動の描写と専門分析——

A 5 判 238 頁
定価 2,970 円（税込）

杉山友城 編著
新 し い 〈地 方〉 を 創 る
ふるさと
——未来への戦略——

A 5 判 246 頁
定価 2,750 円（税込）

岩崎達也・高田朝子 著
本 気 で、地 域 を 変 え る
——地域づくり 3.0 の発想とマネジメント——

A 5 判 136 頁
定価 1,650 円（税込）

角谷嘉則 著
まちづくりのコーディネーション
——日本の商業と中心市街地活性化法制——

A 5 判 238 頁
定価 3,080 円（税込）

日本体育・スポーツ政策学会 監修/真山達志・成瀬和弥 編著
スポーツ政策 1
公 共 政 策 の 中 の ス ポ ー ツ

A 5 判 204 頁
定価 2,200 円（税込）

━━━━━━ 晃 洋 書 房 ━━━━━━